많은 학부모들이 선택한
어휘력 향상
길잡이

공습국어 초등어휘는 2008년 첫 선을 보인 이래로 많은 학부모와 학생들로부터 남다른 관심과 사랑을 받고 있습니다. 공습국어 초등어휘가 이렇게 짧은 시간 안에 초등 어휘력 학습을 대표하는 교재로서 자리를 잡을 수 있었던 것은 아이들이 부담 없이 재미있게 공부할 수 있도록 교재를 활용 중심으로 최적화하여 구성한 것과 교과서에 나오는 낱말을 다룸으로써 교과 학습과 자연스럽게 연계할 수 있도록 배려한 것이 아닐까 생각합니다.

그런데 단계별로 교재의 수가 적어 서너 달이 지나면 더 이상 단계에 맞는 어휘력 학습을 지속할 수 없는 문제가 있었습니다. 그렇다고 다음 단계로 넘어가는 것도 좀 애매해서 몇 달 동안 이어온 학습 흐름이 끊어질 수밖에 없었습니다.

이번에 추가로 어휘력 교재를 출간하게 된 것은 각 단계에 맞는 어휘력 학습을 적어도 1년 정도는 꾸준히 진행할 수 있게 하기 위해서입니다. 이렇게 함으로써 다음 단계를 학습할 때까지의 기간을 최소화하거나 바로 다음 단계로 넘어가더라도 큰 어려움 없이 적응할 수 있을 것입니다.

그리고 새로 나온 어휘력 교재는 1~3권과는 다른 문제 유형으로 코너를 구성하였습니다. 이는 같은 유형을 반복함으로써 오는 지루함을 없애고 문제 풀이 방법이 관성화되는 것을 막기 위해서입니다. 또한 이미 알고 있는 낱말이라고 하더라도 유형을 달리하여 풀어봄으로써 어휘를 좀 더 풍부하게 활용할 수 있도록 하기 위해서입니다.

주니어김영사는 교재에 대한 질책과 격려 모두를 소중히 받아 안을 것입니다. 항상 열린 자세로 최대한 교재를 화과적으로 이용할 수 있도록 도와드릴 것이며 아울러 더 좋은 교재로 다가가기 위해 노력하겠습니다.

감사합니다.

공습국어 초등어휘는 초등 교과서에
나오는 낱말을 중심으로 구성되어 있는
어휘력 프로그램으로,
단순히 낱말의 사전적 의미를 암기하는 것이 아닌
낱말과 낱말 사이의 관계와 낱말의 다양한 쓰임새를
여러 가지 문제 유형을 통해 학습합니다.

공습국어 초등어휘 학습 전략

기본과 심화의 연속된 어휘 학습 과정

공습국어 초등어휘는 전 과정이 학년에 따라 나누어져 있습니다. 크게 1·2학년, 3·4학년, 5·6학년 3개의 과정으로 이루어져 있습니다. 그리고 각 과정별로 기본 Ⅰ·Ⅱ·Ⅲ, 심화 Ⅰ·Ⅱ·Ⅲ 단계로 구성되어 있습니다.

과정	단계	
1 · 2학년	기본	Ⅰ, Ⅱ, Ⅲ 단계
	심화	Ⅰ, Ⅱ, Ⅲ 단계
3 · 4학년	기본	Ⅰ, Ⅱ, Ⅲ 단계
	심화	Ⅰ, Ⅱ, Ⅲ 단계
5 · 6학년	기본	Ⅰ, Ⅱ, Ⅲ 단계
	심화	Ⅰ, Ⅱ, Ⅲ 단계

기본 단계와 심화 단계는 서로 다른 구성과 학습 목표를 가지고 있습니다. 기본 단계는 낱말이 가지고 있는 기본적인 의미와 다른 낱말과 관계를 파악하는 단계입니다. 심화 단계는 유추와 연상 활동을 통해 낱말이 가지는 다양한 의미를 알고 정확하게 낱말을 읽고 쓰는 단계입니다.

기본 단계와 심화 단계는 서로 동떨어져 있는 것이 아니라 연속된 훈련 단계입니다. 따라서 공습국어 초등어휘를 처음 시작하는 경우는 기본 단계부터 순서대로 학습하는 것이 학습 효과를 극대화할 수 있습니다.

물론 공습국어 초등어휘 기본 단계로 학습한 경험이 있다면 각 과정의 심화 단계를 공부해도 괜찮습니다. 하지만 1·2학년 과정에서 기본 단계를 학습하고 현재 3학년이나 4학년이 되었다면 3·4학년 과정의 심화 단계보다는 3·4학년 과정의 기본 단계부터 시작하거나, 1·2학년 과정의 심화 단계를 한 다음 3·4학년 과정의 기본 단계로 넘어가는 것이 좋습니다.

교과서의 낱말을 다양한 문제 유형을
통해 재미있게 익힌다!

공습국어
초등어휘의 특징

하나 초등 교과서에 나오는 낱말로 문제 구성

공습국어 초등어휘는 국어, 수학, 사회, 과학 등 초등 전 교과에서 낱말을 발췌하여 문제를 구성하였습니다. 각 회별로 8~10개의 낱말이 교과 영역에 따라 들어 있으며 권당 250~300개 정도의 낱말을 익힐 수 있습니다. 따라서 교재에서 다루고 있는 낱말을 익히다 보면 해당 교과의 내용을 이해하는데 많은 도움이 될 것입니다.

둘 상황에 따라 낱말이 가지는 복합적 의미 이해

사전에 명시된 낱말의 기본적인 의미뿐만 아니라 상황을 유추하여 적절한 낱말을 찾는 활동, 같은 글자이지만 상황에 따라 전혀 다른 의미를 갖는 낱말을 고르는 활동, 여러 낱말을 보고 공통으로 연상되는 낱말을 찾는 활동을 통해 낱말이 가지는 복합적 의미를 파악하는 데 중점을 두고 학습할 수 있도록 했습니다.

셋 바른 글쓰기를 위한 맞춤법 훈련

성인들도 글을 쓸 때 잘못된 낱말을 사용하거나 띄어쓰기가 틀리는 경우가 많이 있습니다. 이것은 한글 맞춤법에서 규정하고 있는 몇 가지 원칙만 제대로 이해한다면 충분히 개선할 수 있습니다. 특히 초등 단계에서부터 한글 맞춤법에 대해 의식적으로 알아보고 관련 문제들을 자주 접해 본다면 바르게 글을 쓰는데 큰 자신감을 갖게 될 것입니다. 공습국어 초등어휘에서는 '낱말 쌈 싸먹기' 꼭지를 통해 매회 한글 맞춤법 연습을 할 수 있으며 이러한 맞춤법 연습을 원활하게 할 수 있도록 하기 위해 135쪽에 '한글 맞춤법 알기'를 별도로 마련했습니다.

넷 재미있고 다양한 문제 유형으로 구성된 학습 과정

공습국어 초등어휘는 여러 가지 문제 유형을 통해 다양하게 낱말을 습득하고 활용할 수 있도록 구성하고 있습니다. 특히 본격적인 문제 풀이에 들어가기 전 낱말 퍼즐 형식의 '가로·세로 낱말 만들기'로 두뇌 워밍업을 할 수 있도록 했으며, 아울러 앞선 회의 낱말도 복습할 수 있도록 했습니다. 또한 '낱말은 쏙쏙! 생각은 쑥쑥!' 꼭지의 문제들은 그림이나 퀴즈 형식을 이용하여 지루하지 않게 공부할 수 있습니다.

교재 구성 한눈에 보기

가로·세로 낱말 만들기

'가로·세로 낱말 만들기'는 본격적인 문제 풀이를 하기 전 가볍게 머리를 풀어보는 준비 단계의 의미와 앞선 회에서 공부한 낱말을 찾아서 만들어 봄으로써 한 번 더 낱말을 익힌다는 복습의 의미를 함께 갖고 있습니다. 적게는 3개 많게는 5개 정도 앞선 회에서 배운 낱말을 주어진 글자와 연결 낱말을 이용해 찾아야 합니다. 낱말 만드는 자세한 방법은 7쪽을 참고해 주세요.

주어진 연결 낱말을 이용하여 낱말을 만들어보세요. 단 색이 칠해진 칸에는 낱말을 쓸 수 없습니다.

만들어야 할 낱말의 개수와 도전 시간이 표시되어 있고, 만든 낱말의 개수와 걸린 시간을 적습니다.

글자를 조합하여 앞선 회에 배운 낱말이 있는지 찾아봅니다.

낱말은 쏙쏙! 생각은 쑥쑥!

어휘력 학습을 본격적으로 시작하는 꼭지입니다. '그림으로 낱말 찾기', '낱말 뜻 알기', '낱말 친구 사총사', '연상되는 낱말 찾기', '짧은 글짓기'의 5개 코너로 구성되어 있습니다.

걸린 시간 해당 단원을 푸는 데 걸린 시간을 적습니다.

그림으로 낱말 찾기 원으로 표시된 그림 부분을 보고 유추할 수 있는 낱말을 보기에서 고릅니다.

낱말 뜻 알기 낱말의 기본 의미를 알아보는 코너로 □ 안의 첫 글자를 보고 알맞은 낱말을 적습니다.

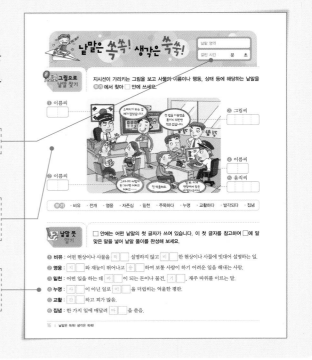

공습국어 초등어휘는 모두 30회 과정이며 각 회별로 '가로·세로 낱말 만들기', '낱말은 쏙쏙! 생각은 쑥쑥!', '낱말 쌈 싸 먹기'의 3가지 꼭지가 있습니다.

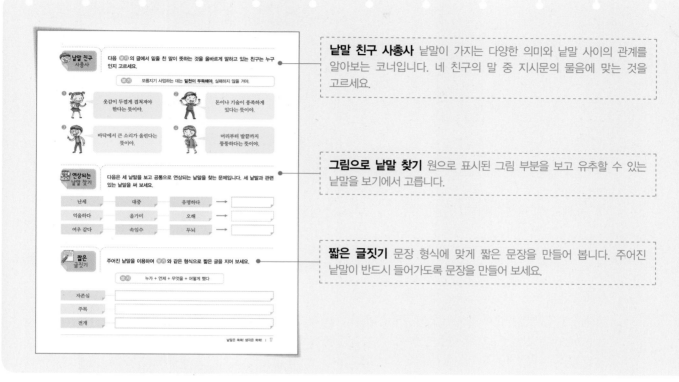

낱말 친구 사총사 낱말이 가지는 다양한 의미와 낱말 사이의 관계를 알아보는 코너입니다. 네 친구의 말 중 지시문의 물음에 맞는 것을 고르세요.

그림으로 낱말 찾기 원으로 표시된 그림 부분을 보고 유추할 수 있는 낱말을 보기에서 고릅니다.

짧은 글짓기 문장 형식에 맞게 짧은 문장을 만들어 봅니다. 주어진 낱말이 반드시 들어가도록 문장을 만들어 보세요.

낱말 쌈 싸 먹기

'낱말 쌈 싸 먹기'는 맞춤법, 띄어쓰기 코너를 통해 올바른 낱말 표기를 위해 꼭 알아야 할 규칙을 알아봅니다. 또한 관용어와 한자어 꼭지를 통해 상황에 어울리는 속담이나 격언을 찾고, 문장의 의미에 맞는 한자어나 사자성어를 알아봅니다.

맞춤법 두 낱말 중 맞춤법이 올바른 낱말을 찾거나, 맞춤법이 틀린 낱말을 찾아 바르게 고쳐 써 봅니다.

띄어쓰기 두 낱말 중 띄어쓰기가 올바르게 된 낱말을 고릅니다.

관용어 □를 채워 그림이 표현하는 상황에 어울리는 속담이나 격언 등의 관용어를 만들어 봅니다.

한자어 자연스러운 문장이 되도록 □ 안에 들어갈 알맞은 한자어나 사자성어를 찾아봅니다.

꾸준함이 어휘력을 키우는
가장 좋은 방법입니다!

공습국어
초등어휘의 활용

 하나 │ 처음 일주일 정도는 아이와 함께 하세요

공습국어 초등어휘의 코너 구성과 문제 유형을 아이가 이해할 수 있도록 일주일 정도는 아이와 함께 문제를 풀어보세요. 각각의 문제 유형을 설명해주고, 채점을 통해 아이에게 미진한 부분이 있으면 다시 설명해주면서 아이가 혼자서도 충분히 문제를 해결할 수 있도록 도와주세요.

 둘 │ 꾸준히 학습할 수 있는 환경을 만들어주세요

매일 1회분씩 학습 진도를 나가는 것이 가장 이상적이긴 하지만 현실적으로 불가능한 경우가 많습니다. 따라서 매일이 아니더라도 꾸준히 교재를 볼 수 있도록 학습 스케줄을 잡아 주세요. 이때 부모님이 일방적으로 결정하지 마시고 아이와 충분히 상의하여 가능한 아이의 의견이 반영되도록 해주세요.

 셋 │ 1권부터 순서대로 학습할 수 있도록 해 주세요

공습국어 초등어휘 심화 단계는 각 학년별 4~6권에 해당합니다. 그리고 문제 유형이나 내용이 1~3권에 비해 다소 복잡하거나 어렵습니다. 따라서 어휘력 학습을 처음 시작하는 경우라면 1권부터 순서대로 교재를 보는 것이 좋습니다. 물론 이전에 어휘력 교재를 보았거나 국어 실력이 상위권이라면 4권부터 시작해도 괜찮습니다.

 넷 │ 문제 풀이에 걸리는 적정한 시간은 10분 내외입니다

문제를 푸는 데 걸리는 시간은 대략 10분 정도면 충분합니다. 하지만 문제 유형이 익숙하지 않은 초반에는 이보다 시간이 더 걸릴 수도 있습니다. 따라서 일정 기간 동안은 시간에 구애 받지 않고 편하게 문제를 풀면서 교재에 적응할 수 있도록 해 주세요.

다섯 │ 낱말 쌈 싸 먹기 문제는 이렇게 준비해 주세요

'낱말 쌈 싸 먹기' 문제는 한글 맞춤법과 관용어의 의미를 알고 있어야 문제를 해결할 수 있습니다. 따라서 11~12쪽에 있는 '알쏭달쏭 낱말 알기'와 '관용어 알아보기'를 틈틈이 확인해서 그 내용을 아이가 기억할 수 있도록 해주세요.

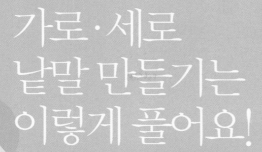

가로·세로 낱말 만들기는 이렇게 풀어요!

"
'가로·세로 낱말 만들기'는
본격적인 어휘력 학습에 들어가기 전의
워밍업 단계로서 앞선 회에 배운 낱말을
복습하는 활동입니다.
"

1회에서는 낱말 만들기를 연습합니다. 이미 만들어야 한 낱말이 제시되어 있는데, 글자 표에서 해당 낱말을 찾아본 다음 낱말 판 안의 낱말을 연결하여 해당 낱말을 만들어 봅니다.

2회부터 실제 낱말 만들기를 하게 되는데 이때 낱말 판 안에 낱말을 만들 때 꼭 알아두어야 할 기본 규칙이 있습니다.

- 낱말 판 안에 제시된 낱말을 연결하여 낱말을 만들어야 합니다.
- 낱말 판 안에 색이 칠해진 칸에는 낱말을 만들 수 없습니다.
- 글자는 한 번만 사용 가능하며 중복하여 사용할 수 없습니다.
- 국어사전에 등재되지 않은 낱말은 쓸 수 없습니다.

이 네 가지 기본 규칙을 꼭 기억해서 낱말을 만들 때 실수하지 않도록 하세요.
그럼 낱말을 만드는 기본 순서를 알아볼까요?

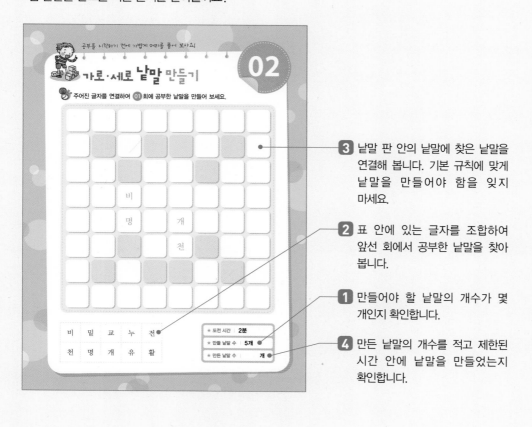

3 낱말 판 안의 낱말에 찾은 낱말을 연결해 봅니다. 기본 규칙에 맞게 낱말을 만들어야 함을 잊지 마세요.

2 표 안에 있는 글자를 조합하여 앞선 회에서 공부한 낱말을 찾아 봅니다.

1 만들어야 할 낱말의 개수가 몇 개인지 확인합니다.

4 만든 낱말의 개수를 적고 제한된 시간 안에 낱말을 만들었는지 확인합니다.

'낱말은 쏙쏙! 생각은 쑥쑥!'은 이렇게 풀어요!

그림으로 낱말 찾기

'그림으로 낱말 찾기'는 사물의 이름이나, 동작 혹은 어떤 상태나 느낌 등을 나타내는 낱말을 그림을 보면서 유추해보는 활동을 하는 꼭지입니다. 동그라미로 표시된 그림 부분이 아래 보기의 낱말 중 어느 것에 해당하는 지 찾아본 다음, 알맞은 낱말을 □ 안에 적습니다. 그림은 보는 사람에 따라 여러 가지 낱말로 만들 수 있기 때문에 반드시 보기에 제시된 낱말 중에서 가장 알맞은 낱말을 선택해야 합니다.

그리고 □ 위에는 낱말이 가리키는 품사가 적혀 있는데 보기 중에 정답으로 쓸 수 있는 낱말이 두 개 이상 있다면 제시된 품사에 맞는 낱말을 적어야 합니다. 참고로 각각의 품사가 가지고 있는 의미는 다음과 같습니다.

- **이름씨** : 사물의 이름을 나타내는 품사
- **움직씨** : 사물의 동작이나 작용을 나타내는 품사
- **그림씨** : 사물의 성질이나 상태를 나타내는 품사
- **어찌씨** : 다른 말 앞에 놓여 그 뜻을 분명하게 나타내는 품사

낱말 뜻 알기

'낱말 뜻 알기'는 낱말의 기본적인 뜻을 알아보는 활동입니다. 낱말의 뜻을 알기 위해서는 설명하고 있는 글의 □를 채워야 하는데, □에는 어떤 특정한 낱말의 첫 글자가 제시되어 있습니다. 제시된 첫 글자와 전체 문장의 내용을 보고 빈 □ 안에 적당한 글자를 써야 합니다.

□에 채워 완성해야 할 낱말을 비교적 쉽고 단순한 낱말들로 되어 있으므로 조금만 생각해보면 □를 채워 문장을 완성할 수 있을 것입니다.

'낱말은 쑥쑥! 생각은 쑥쑥!'에서 각 활동별로 공부하게 되는 낱말들은 '그림으로 낱말 찾기' 활동의 보기에 제시되어 있습니다. 모두 8~10개의 낱말을 공부하게 되는데, 보기에 제시된 낱말을 잘 살펴보면 모든 활동을 어렵지 않게 짧은 시간 안에 끝낼 수 있습니다.

낱말 친구 사총사

'낱말 친구 사총사'에서는 크게 3가지 활동을 하게 됩니다. 첫째는 소리는 같은 글자이지만 뜻이 다른 낱말을 찾는 활동, 둘째는 다른 세 낱말을 포함하는 큰 말을 찾는 활동, 셋째는 문장 안의 일부 구절이 어떤 뜻인지 찾는 활동입니다.

첫째 번 활동을 예를 들자면 '배'라는 낱말의 경우 문장 안에서 과일의 배로 쓰일 수도 있고 타는 배로 쓰일 수도 있습니다. 이때 만약 세 친구는 '타는 배'라는 뜻으로 배를 사용했고, 한 친구만 '과일의 배'라는 뜻으로 배를 사용했다면 셋과 다르게 말한 한 친구를 정답으로 선택합니다.

연상되는 낱말 찾기

'연상되는 낱말 찾기'는 제시된 세 낱말을 보고 공통으로 연상할 수 있는 낱말을 찾아보는 활동입니다. 제시된 세 낱말은 찾아야 할 낱말의 사전적인 의미이거나 조건이나 상태 등을 나타냅니다.

예를 들어 '산', '배낭', '오르다'라는 세 낱말이 주어졌다면 이 세 낱말을 통해 공통으로 연상할 수 있는 낱말로 '등산'을 떠올릴 수 있을 것입니다.

짧은 글짓기

'짧은 글짓기'는 주어진 문장 형식에 맞게 낱말을 넣어 짧은 글을 지어보는 활동입니다. 여러 가지 문장 형식으로 짧은 글을 만들다 보면 낱말이 문장 안에서 쓰일 때 어떻게 활용되는지 확인할 수 있습니다.

만약 '가방'이라는 낱말이 주어지고 이 낱말이 '누가 + 무엇을 + 어떻게 했다'라는 문장 형식을 가진 글에 들어가야 한다면 다음과 같이 문장을 만들 수 있습니다.

아버지께서 가방을 가져갔다.

'낱말 쌈 싸 먹기'는 이렇게 풀어요!

'낱말 쌈 싸 먹기'는 맞춤법, 띄어쓰기, 관용어, 한자어와 관련된 문제를 풀게 됩니다. 이 문제들을 풀기 위해서는 다음 쪽에 나오는 '알쏭달쏭 낱말 알기'와 '관용어 알아보기'를 꼼꼼히 읽어 보세요. 문제를 푸는 데 많은 도움이 될 것입니다.

맞춤법

문장 안에 잘못 쓴 낱말을 찾아 바로 고쳐 쓰거나, 두 낱말 중 바르게 쓴 낱말을 찾는 활동입니다. 오른쪽 그림에서처럼 '가까와요, 가까워요' 두 낱말이 주어졌다면 '가까워요'가 바르게 쓴 낱말이므로 '가까워요'에 동그라미를 치면 됩니다. 맞춤법 문제에 나온 낱말은 11쪽 '알쏭달쏭 낱말 알기'에 정리해 놓았으므로 미리 읽어 두세요.

> **맞춤법** 다음 문장에서 ( ) 안의 낱말 중 맞춤법이 맞는 낱말에 ○표 하세요.
>
> 엄마, 친구네 집과 우리 집은 무척 (가까와요 , 가까워요).

띄어쓰기

굵게 표시된 두 낱말을 중 띄어쓰기가 맞는 것을 찾는 활동입니다. 띄어쓰기 문제를 쉽게 풀기 위해서는 [도움말]을 반드시 읽어보기 바랍니다. [도움말]에는 문제로 나온 낱말을 띄어 써야 할지, 붙여 써야 할지 중요한 힌트가 들어 있기 때문입니다.

> **띄어쓰기** 주어진 두 문장 중 하나에는 띄어쓰기가 틀린 부분이 있습니다. 둘 중 바르게 띄어쓰기를 한 문장을 찾아서 ○표 하세요.
>
> ㉮ 벼농사 체험에 가서 벼 **석 섬**을 거두었지.   ㉯ 벼농사 체험에 가서 벼 **석섬**을 거두었지.
>
> **도움말** 수량이나 횟수를 세는 단위로 사용되는 낱말은 띄어 씁니다.

관용어

그림에 제시된 상황과 관련된 속담이나 격언 등의 관용어를 찾는 활동입니다. □ 안에 글자를 넣어 관용어를 완성해 보세요. 예를 들어 '□은 비뚤어져도 □은 바로 해라.'라는 문제가 주어졌다면 □ 안에 '입', '말'을 적으면 됩니다. 속담이나 격언 등을 잘 모른다면 12쪽 '관용어 알아보기'를 미리 읽어 두세요.

한자어

문장을 읽고 □ 안에 들어갈 한자어나 사자성어를 보기에서 찾아 적는 활동입니다. 한자나 사자성어를 잘 모른다면 한자 사전이나 사자성어를 정리해 둔 책을 같이 놓고 문제를 풀기 바랍니다.

> **한자어** 글의 의미에 맞게 □ 안에 들어갈 알맞은 사자성어를 보기 에서 찾아 써 보세요.
>
> 제 부탁을 들어주시면 □□□□ 이겠습니다.
>
> 보기 · 주마가편(走馬加鞭) · 군계일학(群鷄一鶴) · 각골난망(刻骨難忘)

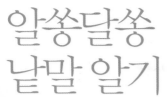

알쏭달쏭 낱말 알기

" 낱말 쌈 싸 먹기의 맞춤법에 나오는 낱말입니다.
바르게 쓴 것과 잘못 쓴 것을 잘 비교해서 살펴보세요. "

○ 새침데기	✕ 새침떼기	○ 엊그저께	✕ 엇그저께
○ 설렁탕	✕ 설농탕	○ 예부터	✕ 옛부터
○ 숫양	✕ 수양	○ 옷걸이	✕ 옷거리
○ 씁쓸한	✕ 씁슬한	○ 웃어른	✕ 윗어른
○ 시월	✕ 십월	○ 육개장	✕ 육계장
○ 아귀찜	✕ 아구찜	○ 잠그다	✕ 잠구다
○ 아무튼	✕ 아뭏튼	○ 전셋집	✕ 전세집
○ 안팎	✕ 안밖	○ 점박이	✕ 점백이
○ 왠지	✕ 웬지	○ 짭짤한	✕ 짭잘한
○ 언덕배기	✕ 언덕빼기	○ 졸리다	✕ 졸립다
○ 양칫물	✕ 양치물	○ 통째	✕ 통채
○ 어디든지	✕ 어디던지	○ 풋내기	✕ 풋나기
○ 어떡해	✕ 어떻해	○ 하마터면	✕ 하마트면
○ 어리바리	✕ 어리버리		

66

낱말 쌈 싸 먹기의 관용어에 나오는
속담과 격언입니다.
미리 읽어보고 문제를 풀어 보세요.

99

관용어
알아보기

- **건강한 신체에 건강한 정신이 깃든다** : 정신이 맑고 건강하려면 먼저 몸이 건강해야 함을 강조한 말.
- **내 사전에 불가능이란 말은 없다** : 어떤 일이든지 반드시 할 수 있다는 자신감을 표현한 말.
- **내일 지구의 종말이 오더라도 나는 오늘 한 그루의 사과나무를 심겠다** : 절망적인 상황에서도 희망을 잃지 말라는 뜻.
- **노병은 죽지 않는다. 다만 사라질 뿐이다** : 늙고 힘이 없어도 제 역할을 충분히 할 수 있음을 강조한 말.
- **아는 것이 힘이다** : 지식이 많고 지혜가 높은 만큼 여러 가지 상황에 올바르게 대처할 수 있다는 뜻.
- **아닌 밤중에 홍두깨** : 별안간 엉뚱한 말이나 행동을 함.
- **엎드려 절 받기** : 상대편은 마음에 없는데 자기 스스로 요구하여 대접을 받다.
- **열 사람이 지켜도 한 도적을 못 막는다** : 여럿이 지켜도 어떤 사람이 나쁜 짓을 하려 들면 막을 수 없다.
- **우선 먹기는 곶감이 달다** : 앞일은 생각해 보지도 아니하고 당장 좋은 것만 취하다.
- **울며 겨자 먹기** : 싫은 일을 억지로 마지못해 하다.
- **웃는 낯에 침 못 뱉는다** : 좋게 대하는 사람에게 나쁘게 대할 수는 없다.
- **인내는 쓰나 그 열매는 달다** : 노력하는 과정은 힘들지만 일을 성취했을 때 느끼는 기쁨은 그만큼 크다.
- **인생은 짧고 예술은 길다** : 사람의 일생은 짧지만 작품은 죽은 뒤에도 남아서 오랫동안 사람들에게 감동을 준다는 뜻.
- **자다가 봉창을 두드린다** : 전혀 관계없는 얼토당토아니한 소리를 하다.
- **잠자코 있으면 무식은 면한다** : 잘 알지도 못하면서 괜히 섣불리 나서지 말라는 뜻.
- **장고 끝에 악수** : 오랫동안 고민하고 결정한 일이 결과적으로 좋지 않게 되다.
- **적선은 못할망정 쪽박은 깨지 마라** : 남에게 도움은 주지는 못하더라도 악행은 하지 말라는 뜻.
- **젊어서 고생은 사서도 한다** : 젊어서 어려운 일을 하며 난관을 극복하는 것이 매우 귀중한 경험임을 강조한 말.
- **짚신도 제 짝이 있다** : 아무리 보잘것없는 사람이라도 제 짝이 있다.
- **천재는 1퍼센트의 영감과 99퍼센트의 노력으로 이루어진다** : 천부적인 재능보다 노력이 중요하다.
- **친구 따라 강남 간다** : 뚜렷한 자기 주관도 없이 친구가 간다니까 덩달아 아무 데나 따라 나섬.
- **크고 단 참외 없다** : 모든 조건이 완벽하게 다 갖추어지기란 어렵다.
- **평양 감사도 저 싫으면 그만이다** : 아무리 좋은 일이라도 당사자의 마음이 내키지 않으면 억지로 시킬 수 없음.
- **피는 물보다 진하다** : 혈통(血統)은 속일 수 없어서 남보다도 집안 간의 연결은 강하다.
- **하루라도 책을 읽지 않으면 입 안에서 가시가 돋친다** : 독서의 중요성과 꾸준히 책을 읽는 습관을 강조한 말.
- **한 입으로 두 말한다** : 한 가지 일에 대하여 말을 이렇게 하였다 저렇게 하였다 한다.
- **호미로 막을 것을 가래로 막는다** : 적은 힘으로 충분히 처리할 수 있는 일에 쓸데없이 많은 힘을 들이다.
- **홀아비 사정은 과부가 안다** : 남의 곤란한 처지는 직접 그 일을 당해 보았거나, 같은 처지에 있는 사람이 잘 안다.
- **황금 보기를 돌같이 하라** : 지나친 욕심을 경계해야 한다는 뜻.
- **흥정은 붙이고 싸움은 말려라** : 좋은 일은 권장하고 나쁜 일은 말리라는 뜻.

차례
Contents

공습국어를 시작하며

이제 본격적인 어휘력 공부를 시작하게 돼요.

크게 숨을 한 번 내쉬면서 마음을 가다듬어 보세요.

책을 끝까지 볼 수 있을까? 문제가 어렵지는 않을까? 하는 걱정이

들기도 하겠지만 막상 시작해보면 괜한 걱정이었다 싶을 거예요.

한 번에 밥을 많이 먹으면 탈이 날 수 있는 것처럼

하루에 1회씩만 꾸준히 풀어 보세요.

그러다 보면 어느새 어휘력이

무럭무럭 자라나 있는 걸 볼 수 있을 거예요.

자 그럼 이제 출발해 볼까요?

가로·세로 낱말 만들기

01

 낱말 만들기 연습을 해 보세요.

			곤				
			지				
			생	판			

력	판	름	근	위
생	지	봉	구	곤

★ 만들어야 할 낱말 : 지구력, 구름판, 곤봉, 근력, 위생
★ 낱말 만들기 방법은 7쪽을 참고하세요.

낱말은 쏙쏙! 생각은 쑥쑥!

낱말 영역 |

걸린 시간 | 분 초

그림으로 낱말 찾기

지시선이 가리키는 그림을 보고 사물의 이름이나 행동, 상태 등에 해당하는 낱말을 보기 에서 찾아 □ 안에 쓰세요.

❶ 이름씨

❷ 이름씨

❸ 이름씨

❹ 움직씨

❺ 이름씨

보기 · 괴변 · 사자 · 우애 · 북망산 · 난중일기 · 텃세 · 사글세 · 음해하다 · 고질병 · 명함

낱말 뜻 알기

□ 안에는 어떤 낱말의 첫 글자가 쓰여 있습니다. 이 첫 글자를 참고하여 □에 알맞은 말을 넣어 낱말 풀이를 완성해 보세요.

❶ 괴변 : 예□ 하지 못한 괴상한 재□ 이나 사고.

❷ 우애 : 형□ 간 또는 친구 간의 사□ 이나 정분.

❸ 난중일기 : 임□□□ 때 충무공 이□□ 이 진중(陣中)에서 쓴 일기.

❹ 고질병 : 오랫동안 앓고 있어 치□ 가 어려운 병.

❺ 명함 : 성명, 주소, 직□, 신분 등을 적은 네모난 종□.

낱말 친구 사총사

다음 밑줄 친 낱말 중 다른 세 낱말과 거리가 <u>먼</u> 낱말을 말하는 친구를 고르세요.

❶ **사글세**로 방 하나를 얻었지만 행복해.

❷ 동네사람들의 **텃세**가 너무 심해.

❸ 사무실은 **월세**로 계약하는 것이 일반적이야.

❹ **전세** 보증금이 많이 올라서 걱정이야.

연상되는 낱말 찾기

다음은 세 낱말을 보고 공통으로 연상되는 낱말을 찾는 문제입니다. 세 낱말과 관련 있는 낱말을 써 보세요.

명령	지시	심부름꾼	→	
자리	기득권	부리다	→	
해코지	음흉	가하다	→	

짧은 글짓기

주어진 낱말을 이용하여 보기 와 같은 형식으로 짧은 글을 지어 보세요.

보기   누가 + 언제 + 무엇을 + 어떻게 한다

북망산	
난중일기	
명함	

낱말 쌈 싸 먹기

알쏭달쏭 헷갈리는 맞춤법, 띄어쓰기, 관용어, 한자어가 이제 한입에 쏙! **하루에 한 쪽씩 맛있게 냠냠 해치우자!**

맞춤법 다음 문장에서 ( ) 안의 낱말 중 맞춤법이 맞는 낱말에 ◯표 하세요.

슬아는 (새침데기, 새침떼기)라기보다는 내성적인 학생입니다.

띄어쓰기 주어진 두 문장 중 하나에는 띄어쓰기가 틀린 부분이 있습니다. 둘 중 바르게 띄어쓰기를 한 문장을 찾아서 ◯표 하세요.

㉮ **여러가지** 가능성을 두고 생각해 봅시다.

㉯ **여러 가지** 가능성을 두고 생각해 봅시다.

도움말 꾸며 주는 말인 관형사는 뒷말과 띄어 씁니다.

관용어 ☐ 안에 낱말을 넣어서 그림 속 상황과 어울리는 속담이나 격언 등을 만들어 보세요.

> 아, 세계 여행 하고 싶어.

> 갑자기 공부하다 말고 무슨 말이니?

아닌 밤중에 ☐☐☐

한자어 글의 의미에 맞게 ☐ 안에 들어갈 알맞은 사자성어를 보기 에서 찾아 써 보세요.

☐☐☐☐라는 말처럼 상대방의 입장에서 생각하면 다툼을 줄일 수 있지.

보기
- 격세지감(隔世之感)
- 역지사지(易地思之)
- 천편일률(千篇一律)

가로·세로 낱말 만들기

02

 주어진 글자를 연결하여 **01** 회에 공부한 낱말을 만들어 보세요.

			북				
			해	사			
			변				

글	산	변	북	괴
망	해	사	음	세

★ 도전 시간	**1분**
★ 만들 낱말 수	**4개**
★ 만든 낱말 수	개

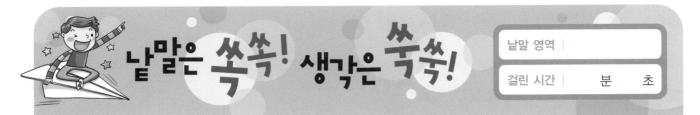

그림으로 낱말 찾기

지시선이 가리키는 그림을 보고 사물의 이름이나 행동, 상태 등에 해당하는 낱말을 **보기**에서 찾아 ☐ 안에 쓰세요.

❶ 이름씨

❷ 이름씨

❸ 이름씨

❹ 움직씨

보기 · 근대 · 실학 · 집대성하다 · 화전민 · 관혼상제 · 동학 · 외세 · 개화하다 · 조약 · 독립하다

낱말 뜻 알기

☐ 안에는 어떤 낱말의 첫 글자가 쓰여 있습니다. 이 첫 글자를 참고하여 ☐에 알맞은 말을 넣어 낱말 풀이를 완성해 보세요.

❶ 집대성하다 : 여러 가지를 모아 하나의 체☐☐를 이루어 완☐☐하다.

❷ 화전민 : 화전을 일구어 농☐☐를 짓는 사☐.

❸ 동학 : 19세기 중엽에 탐관오리의 수☐과 외세의 침☐에 저항하여 최제우가 창시한 민족 종☐.

❹ 개화하다 : 조선 시대에, 갑오개혁으로 정치 제도를 근☐☐으로 개☐하다.

❺ 독립하다 : 다른 것에 예☐하거나 의☐하지 않는 상태로 되다.

낱말 친구 사총사

다음 밑줄 친 낱말의 뜻이 다른 셋과 같지 <u>않은</u> 것은 어느 것인지 번호를 고르세요.

❶ 갑신정변은 급진 **개화** 세력이 일으킨 난이었어.

❷ 새로운 선진 문물을 받아들이는 **개화**가 필요했어.

❸ **개화** 시기가 빨라져서 곧 개나리를 볼 수 있어.

❹ **개화**파와 척사파 간의 대립이 심각했지.

연상되는 낱말 찾기

다음은 세 낱말을 보고 공통으로 연상되는 낱말을 찾는 문제입니다. 세 낱말과 관련 있는 낱말을 써 보세요.

조선 후기	근대 의식	정약용	➡	
성인식	결혼식	장례식	➡	
최제우	인내천	농민 전쟁	➡	

짧은 글짓기

주어진 낱말을 이용하여 보기 와 같은 형식으로 짧은 글을 지어 보세요.

보기   언제 + 누가 + 무엇을 + 어떻게 한다

근대	
조약	
독립하다	

낱말 쌈 싸 먹기

알쏭달쏭 헷갈리는 맞춤법, 띄어쓰기, 관용어,
한자어가 이제 한입에 쏙!
하루에 한 쪽씩 맛있게 냠냠 해치우자!

맞춤법 다음 문장에서 맞춤법이 <u>틀린</u> 낱말을 찾아 바르게 고쳐 써 보세요.

설농탕에는 깍두기가 어울리지.   (   ) → (   )

띄어쓰기 주어진 두 문장 중 하나에는 띄어쓰기가 틀린 부분이 있습니다. 둘 중 바르게 띄어쓰기를 한 문장을 찾아서 ○표 하세요.

㉮ 시장에 가니 오이, **호박등이** 많이 팔리더군요.　　㉯ 시장에 가니 오이, **호박 등이** 많이 팔리더군요.

도움말 의미가 형식적이어서 다른 말 아래에 기대어 쓰이는 의존명사는 띄어 씁니다.

관용어 □ 안에 낱말을 넣어서 그림 속 상황과 어울리는 속담이나 격언 등을 만들어 보세요.

> 그래? 축하해.

> 아빠, 기말 고사 성적 잘 나왔는데
> ……

엎드려 □ 받기

한자어 글의 의미에 맞게 □ 안에 들어갈 알맞은 한자어를 **보기** 에서 찾아 써 보세요.

이 선율이 어떤 □□의 바탕을 이루는지 □□한 사람은 잘 알지.

보기 ·社會　　·故鄕　　·音樂　　·專攻

가로·세로 낱말 만들기

03

 주어진 글자를 연결하여 **02** 회에 공부한 낱말을 만들어 보세요.

			외				
			조				
		대	동				

성	세	동	약	집
학	조	대	외	근

★ 도전 시간 | **2분**

★ 만들 낱말 수 | **5개**

★ 만든 낱말 수 | **개**

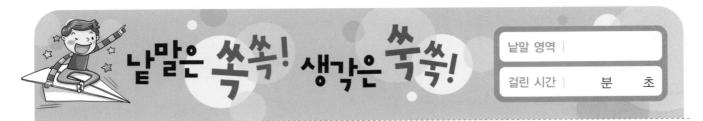

그림으로 낱말 찾기

지시선이 가리키는 그림을 보고 사물의 이름이나 행동, 상태 등에 해당하는 낱말을 **보기** 에서 찾아 ☐ 안에 쓰세요.

❶ 이름씨

❷ 이름씨

❸ 이름씨

❹ 이름씨

❺ 이름씨

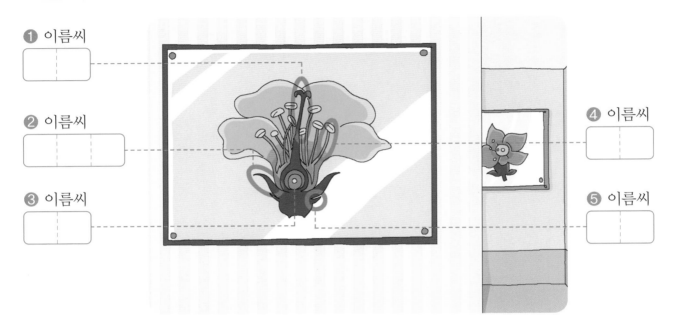

보기 · 퇴적암 · 화성암 · 변성암 · 척추동물 · 민꽃식물 · 암술 · 수술 · 떡잎 · 씨방 · 꽃받침

낱말 뜻 알기

☐ 안에는 어떤 낱말의 첫 글자가 쓰여 있습니다. 이 첫 글자를 참고하여 ☐에 알맞은 말을 넣어 낱말 풀이를 완성해 보세요.

❶ **퇴적암** : 물과 바☐ 등에 의해 운반된 광☐ 이 퇴적 작용을 거쳐 만들어진 암석.

❷ **화성암** : 화☐ 활동에 의해 뜨거운 마☐☐ 가 식어서 만들어진 암석.

❸ **변성암** : 높은 온☐ 와 압☐ 에 의해 새로운 화학 조합이나 구☐ 를 가지게 된 암석.

❹ **척추동물** : 무척추동물과 달리 등☐ 가 있는 동물.

❺ **민꽃식물** : 꽃을 피우지 않고 포☐ 를 이용하여 번☐ 하는 식물.

낱말 친구 사총사

다음 의 글에서 밑줄 친 말이 뜻하는 것을 올바르게 말하고 있는 친구는 누구인지 고르세요.

보기 　　하는 짓을 보니 누가 보더라도 **떡잎이 노랗다**고 하겠네.

① 밝은 장래를 기대할 수 없다는 뜻이야.

② 잎을 노란색으로 물들였다는 뜻이야.

③ 떡잎을 보고 무척 놀랐다는 뜻이야.

④ 어린아이마냥 철이 없다는 뜻이야.

연상되는 낱말 찾기

다음은 세 낱말을 보고 공통으로 연상되는 낱말을 찾는 문제입니다. 세 낱말과 관련 있는 낱말을 써 보세요.

암석	운반	쌓이다	⟶	
암석	마그마	식다	⟶	
꽃	외피	받치다	⟶	

짧은 글짓기

주어진 낱말을 이용하여 보기 와 같은 형식으로 짧은 글을 지어 보세요.

보기 　　무엇이 + 왜 + 어떠하다

척추동물	
민꽃식물	
암술	

낱말 쌈 싸 먹기

알쏭달쏭 헛갈리는 맞춤법, 띄어쓰기, 관용어, 한자어가 이제 한입에 쏙! **하루에 한 쪽씩 맛있게 냠냠 해치우자!**

맞춤법　다음 문장에서 (　) 안의 낱말 중 맞춤법이 맞는 낱말에 ○표 하세요.

어린 (수양, 숫양)이 "매애" 하는 울음소리를 내더구나.

띄어쓰기　주어진 두 문장 중 하나에는 띄어쓰기가 틀린 부분이 있습니다. 둘 중 바르게 띄어쓰기를 한 문장을 찾아서 ○표 하세요.

㉮ 풀 **한포기라도** 소중하게 가꾸자.　　㉯ 풀 **한 포기라도** 소중하게 가꾸자.

도움말　'포기'는 수량을 세는 단위를 나타내는 의존명사입니다.

관용어　□ 안에 낱말을 넣어서 그림 속 상황과 어울리는 속담이나 격언 등을 만들어 보세요.

□ 사람이 지켜도
□ 도적을 못 막는다

한자어　글의 의미에 맞게 □ 안에 들어갈 알맞은 사자성어를 **보기** 에서 찾아 써 보세요.

그 제안은 □□□□ 와 같이 실현 가능성이 전혀 없다고 봐.

보기　· 심사숙고(深思熟考)　· 신출귀몰(神出鬼沒)　· 연목구어(緣木求魚)

가로·세로 낱말 만들기

04

주어진 글자를 연결하여 **03** 회에 공부한 낱말을 만들어 보세요.

				방			
				식			
			침	술			

반	식	술	물	방
민	씨	침	암	꽃

★ 도전 시간 | **1분**

★ 만들 낱말 수 | **4개**

★ 만든 낱말 수 | 개

낱말은 쏙쏙! 생각은 쑥쑥!

그림으로 낱말 찾기

지시선이 가리키는 그림을 보고 사물의 이름이나 행동, 상태 등에 해당하는 낱말을 보기에서 찾아 ☐ 안에 쓰세요.

❶ 이름씨

❷ 이름씨

❸ 이름씨

❹ 이름씨

❺ 이름씨

보기 · 부피 · 들이 · 비율 · 백분율 · 이율 · 득표율 · 시청률 · 가분수 · 원기둥 · 원뿔

낱말 뜻 알기

☐ 안에는 어떤 낱말의 첫 글자가 쓰여 있습니다. 이 첫 글자를 참고하여 ☐에 알맞은 말을 넣어 낱말 풀이를 완성해 보세요.

❶ **부피** : 넓이와 높이를 가진 물건이 공☐에서 차☐하는 크기.

❷ **들이** : 통, 그☐ 따위의 안에 넣을 수 있는 물건 부피의 최☐☐.

❸ **가분수** : 분☐가 분모와 같거나 분모보다 큰 분☐.

❹ **원기둥** : 위와 아래에 있는 면이 서로 평행이고 합☐인 원으로 되어 있는 입☐ 도형.

❺ **원뿔** : 밑면이 원이고 옆면이 곡☐인 뿔 모양의 입☐ 도형.

낱말 친구 사총사

다음 보기 의 글에서 밑줄 친 말이 뜻하는 것을 올바르게 말하고 있는 친구는 누구인지 고르세요.

보기   내 짝꿍은 마치 **가분수같이** 생겼어.

❶ 분수에 넘치는 치장을 했다는 뜻이야.

❷ 가발을 쓴 것처럼 어색하다는 뜻이야.

❸ 분을 바른 것처럼 하얗다는 뜻이야.

❹ 몸집에 비해 머리가 크다는 뜻이야.

연상되는 낱말 찾기

다음은 세 낱말을 보고 공통으로 연상되는 낱말을 찾는 문제입니다. 세 낱말과 관련 있는 낱말을 써 보세요.

물건	공간	크기	→	
비율	100	통계	→	
은행	이자	비율	→	

짧은 글짓기

주어진 낱말을 이용하여 보기 와 같은 형식으로 짧은 글을 지어 보세요.

보기   언제 + 누가 + 왜 + 무엇을 + 어떻게 했다

들이	
득표율	
시청률	

낱말 쌈 싸 먹기

알쏭달쏭 헷갈리는 맞춤법, 띄어쓰기, 관용어,
한자어가 이제 한입에 쏙!
하루에 한 쪽씩 맛있게 냠냠 해치우자!

맞춤법 다음 문장에서 맞춤법이 틀린 낱말을 찾아 바르게 고쳐 써 보세요.

선생님께서 쓸슬한 표정을 지으셨습니다.   (   ) → (   )

띄어쓰기 주어진 두 문장 중 하나에는 띄어쓰기가 틀린 부분이 있습니다. 둘 중 바르게 띄어쓰기를 한 문장을 찾아서 ○표 하세요.

㉮ 논쟁의 **한 가운데** 서지 말자.   ㉯ 논쟁의 **한가운데** 서지 말자.

도움말 뒷말에 뜻을 더해 주는 접두사는 뒷말과 붙여 씁니다.

관용어 □ 안에 낱말을 넣어서 그림 속 상황과 어울리는 속담이나 격언 등을 만들어 보세요.

그건 그거고, 이건 꼭 갖고 싶었거든.

참고서 살 돈으로 그걸 사면 어떡해?

우선 먹기는
□□이 달다

한자어 글의 의미에 맞게 □ 안에 들어갈 알맞은 한자어를 **보기** 에서 찾아 써 보세요.

□□한 환경 포스터를 학교 강당에서 □□할 예정이다.

보기 ・實驗 ・展示 ・微弱 ・優秀

가로·세로 낱말 만들기

05

 주어진 글자를 연결하여 **04** 회에 공부한 낱말을 만들어 보세요.

			백				
		청	부				

률	청	분	들	부
율	피	이	백	시

★ 도전 시간 | **1분**

★ 만들 낱말 수 | **5개**

★ 만든 낱말 수 | **개**

낱말은 쏙쏙! 생각은 쑥쑥!

그림으로 낱말 찾기

지시선이 가리키는 그림을 보고 사물의 이름이나 행동, 상태 등에 해당하는 낱말을 보기 에서 찾아 □ 안에 쓰세요.

❶ 이름씨

❷ 이름씨

❸ 움직씨

❹ 이름씨

❺ 이름씨

❻ 이름씨

보기   ·무질서   ·재판하다   ·선고하다   ·거들다   ·응급실   ·손수레   ·생활비   ·장학금   ·외동딸   ·압박붕대

낱말 뜻 알기

□ 안에는 어떤 낱말의 첫 글자가 쓰여 있습니다. 이 첫 글자를 참고하여 □에 알맞은 말을 넣어 낱말 풀이를 완성해 보세요.

❶ **재판하다** : 소송 사건을 해결하기 위하여 법[ ] 또는 법관이 공권적 판[ ]을 내리다.

❷ **선고하다** : 법정에서 재[ ]이 판결을 알리다. 이로써 재판의 효[ ]이 생김.

❸ **거들다** : 남이 하는 일을 함[ ] 하면서 돕다.

❹ **응급실** : 병원에서 환자의 응급 처[ ]를 할 수 있게끔 갖춘 시[ ].

❺ **장학금** : 성적이 우[ ]한 학생에게 학[ ]에 도움이 되게끔 보[ ]해 주는 돈.

낱말 친구 사총사

다음 밑줄 친 낱말 중 다른 셋과 거리가 <u>먼</u> 낱말을 말하는 친구를 고르세요.

❶  **생활비**가 넉넉하지 않다고 해.

❷ 대학부터는 **장학금**으로 다닐 거야.

❸  **인건비**를 줄인다고 해서 다들 걱정이야.

❹  이번 일은 **대외비**로 처리해야 해.

연상되는 낱말 찾기

다음은 세 낱말을 보고 공통으로 연상되는 낱말을 찾는 문제입니다. 세 낱말과 관련 있는 낱말을 써 보세요.

병원	위급	시설	→	
짐	바퀴	끌다	→	
하나	딸	무남독녀	→	

짧은 글짓기

주어진 낱말을 이용하여 〈보기〉와 같은 형식으로 짧은 글을 지어 보세요.

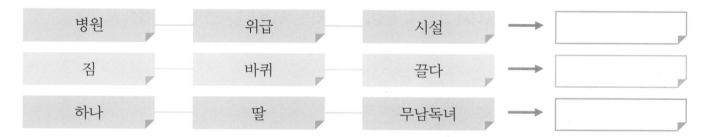

보기 만약에 + 한다면 + 무엇을 + 어떻게 해야 한다

무질서	
재판하다	
압박붕대	

낱말 쌈 싸 먹기

알쏭달쏭 헛갈리는 맞춤법, 띄어쓰기, 관용어, 한자어가 이제 한입에 쏙! **하루에 한 쪽씩 맛있게 냠냠 해치우자!**

맞춤법 다음 문장에서 ( ) 안의 낱말 중 맞춤법이 맞는 낱말에 ○표 하세요.

(십월. 시월)이 되니 가을 분위기가 무르익는구나.

띄어쓰기 주어진 두 문장 중 하나에는 띄어쓰기가 틀린 부분이 있습니다. 둘 중 바르게 띄어쓰기를 한 문장을 찾아서 ○표 하세요.

㉮ 오랜만에 고향을 찾으니 모든 것이 **낯 설다.**

㉯ 오랜만에 고향을 찾으니 모든 것이 **낯설다.**

도움말 두 낱말이 합쳐져서 한 낱말이 된 경우입니다.

관용어 □ 안에 낱말을 넣어서 그림 속 상황과 어울리는 속담이나 격언 등을 만들어 보세요.

지렁이 만지기 싫은데 ……,

싫어도 고기를 낚으려면 하는 수 없지,

울며 □□ 먹기

한자어 글의 의미에 맞게 □ 안에 들어갈 알맞은 사자성어를 **보기** 에서 찾아 써 보세요.

□□□□이라고 시험 시간에 떨어진 연필을 줍다가 의심을 받았다.

보기 · 오비이락(烏飛梨落) · 우유부단(優柔不斷) · 일편단심(一片丹心)

가로 · 세로 낱말 만들기

 주어진 글자를 연결하여 **05** 회에 공부한 낱말을 만들어 보세요.

		외					
		판	무	선			

서	고	동	선	질
딸	무	판	외	재

★ 도전 시간	**1분**
★ 만들 낱말 수	**4개**
★ 만든 낱말 수	개

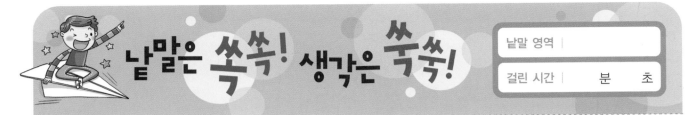

낱말 영역 |

걸린 시간 | 　분　　초

그림으로 낱말 찾기

지시선이 가리키는 그림을 보고 사물의 이름이나 행동, 상태 등에 해당하는 낱말을 보기 에서 찾아 ☐ 안에 쓰세요.

❶ 이름씨

❷ 이름씨

❸ 움직씨

❹ 이름씨

❺ 이름씨

보기 　· 재봉틀 　· 의복 　· 작동하다 　· 가정용 　· 감전되다 　· 가죽 　· 개량 　· 수선 　· 산업체 　· 시접

낱말 뜻 알기

☐ 안에는 어떤 낱말의 첫 글자가 쓰여 있습니다. 이 첫 글자를 참고하여 ☐에 알맞은 말을 넣어 낱말 풀이를 완성해 보세요.

❶ **재봉틀** : 바☐☐ 을 할 때 사용하는 기☐ .

❷ **작동하다** : 기☐ 등이 작☐ 을 받아 움직이다.

❸ **감전되다** : 전기가 통하고 있는 도체(導體)에 신☐ 의 일부가 닿아서 순간적으로 충☐ 을 받다.

❹ **개량** : 나쁜 점을 보☐ 하여 더 좋☐ 고침.

❺ **수선** : 낡거나 헌 물☐ 을 고침.

낱말 친구 사총사

다음 밑줄 친 낱말의 뜻이 다른 셋과 같지 <u>않은</u> 것은 어느 것인지 번호를 고르세요.

 ❶ **수선**된 부위가 잘못되어서 다시 맡겨야 될 것 같아.

 ❷ 얼마나 **수선**을 떠는 지 정신이 하나도 없다니까.

 ❸ 우리 동네 세탁소는 **수선**도 해 줘.

 ❹ **수선**하면 새 것과 마찬가지로 사용할 수 있을 거야.

연상되는 낱말 찾기

다음은 세 낱말을 보고 공통으로 연상되는 낱말을 찾는 문제입니다. 세 낱말과 관련 있는 낱말을 써 보세요.

옷	의류	복장	→	
기계	동력	움직이다	→	
동물	껍질	피부	→	

짧은 글짓기

주어진 낱말을 이용하여 **보기** 와 같은 형식으로 짧은 글을 지어 보세요.

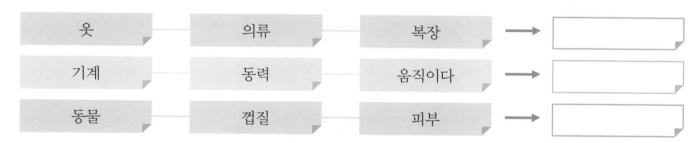

보기　　누가 + 언제 + 왜 + 어떻게 한다

가정용	
개량	
산업체	

낱말 쌈 싸 먹기

알쏭달쏭 헛갈리는 맞춤법, 띄어쓰기, 관용어, 한자어가 이제 한입에 쏙!
하루에 한 쪽씩 맛있게 냠냠 해치우자!

맞춤법 다음 문장에서 맞춤법이 <u>틀린</u> 낱말을 찾아 바르게 고쳐 써 보세요.

아구찜이 매콤하면서 참 맛있네요.　　　(　　　　　) → (　　　　　)

띄어쓰기 주어진 두 문장 중 하나에는 띄어쓰기가 틀린 부분이 있습니다. 둘 중 바르게 띄어쓰기를 한 문장을 찾아서 ○표 하세요.

㉮ 두 번째 기회를 줄 테니 잘해 봐.　　　　**㉯ 두번째** 기회를 줄 테니 잘해 봐.

도움말 '두'는 뒷말을 꾸며 주는 관형사입니다.

관용어 □ 안에 낱말을 넣어서 그림 속 상황과 어울리는 속담이나 격언 등을 만들어 보세요.

> 헤헤헤, 우리 집 소랑 이 닭을 바꿔 왔다.

> 아이고, 우리 온달님을 누가 말리겠어요.

웃는 낯에
□ 못 뱉는다

한자어 글의 의미에 맞게 □ 안에 들어갈 알맞은 한자어를 **보기** 에서 찾아 써 보세요.

독일군이 □□한 지역에서 연합군이 입은 □□는 매우 컸습니다.

보기 ・報償　・被害　・占領　・協約

가로·세로 낱말 만들기

07

 주어진 글자를 연결하여 **06** 회에 공부한 낱말을 만들어 보세요.

			감				
			개				
			봉				
			시				

봉	개	속	시	재
전	접	틀	감	량

★ 도전 시간 | **1분**

★ 만들 낱말 수 | **4개**

★ 만든 낱말 수 | 개

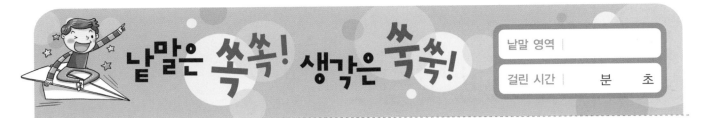

낱말 영역 |

걸린 시간 | 　　분　　초

그림으로 낱말 찾기

지시선이 가리키는 그림을 보고 사물의 이름이나 행동, 상태 등에 해당하는 낱말을 보기 에서 찾아 □ 안에 쓰세요.

❶ 움직씨

❷ 움직씨

❸ 이름씨

❹ 이름씨

❺ 이름씨

보기 • 고유어 • 외래어 • 경솔 • 흥정하다 • 면담 • 맏며느리 • 계약서 • 실랑이하다 • 염라대왕 • 저승사자

낱말 뜻 알기

□ 안에는 어떤 낱말의 첫 글자가 쓰여 있습니다. 이 첫 글자를 참고하여 □에 알맞은 말을 넣어 낱말 풀이를 완성해 보세요.

❶ **고유어** : 해당 언어에 처 □ 부터 있던 말. 토 □□□ 이라고 함.

❷ **외래어** : 외 □ 에서 들어온 말로 국 □ 처럼 쓰이는 단어.

❸ **흥정하다** : 물 □ 을 사거나 팔기 위하여 품질이나 가 □ 등을 의논하다.

❹ **계약서** : 계약이 성 □ 되었음을 증 □ 하기 위하여 작 □ 하는 서류.

❺ **저승사자** : 저승에서 염 □□□ 의 명을 받고 죽은 사람의 넋을 데리러 온다는 심 □□□ .

 **낱말 친구 사총사**

다음 보기 의 글에서 밑줄 친 말이 뜻하는 것을 올바르게 말하고 있는 친구는 누구 인지 고르세요.

 보기   저 처자는 언제 봐도 **종갓집 맏며느릿감**이야.

① 크고 단단한 몸매를 가졌다는 뜻이야.

②  활통하고 시원한 성격을 지녔다는 뜻이야.

③  성품이 바르고 덕이 있다는 뜻이야.

④  발랄하고 귀여운 외모를 가졌다는 뜻이야.

 **연상되는 낱말 찾기**

다음은 세 낱말을 보고 공통으로 연상되는 낱말을 찾는 문제입니다. 세 낱말과 관련 있는 낱말을 써 보세요.

말	행동	가볍다	→	
옥신각신	밀다	당기다	→	
저승	왕	심판	→	

 **짧은 글짓기**

주어진 낱말을 이용하여 보기 와 같은 형식으로 짧은 글을 지어 보세요.

보기   누가 + 왜 + 무엇을 + 어떻게 해야 한다

고유어	
외래어	
계약서	

낱말 쌈 싸 먹기

알쏭달쏭 헷갈리는 맞춤법, 띄어쓰기, 관용어, 한자어가 이제 한입에 쏙! **하루에 한 쪽씩 맛있게 냠냠 해치우자!**

맞춤법 다음 문장에서 ( ) 안의 낱말 중 맞춤법이 맞는 낱말에 ○표 하세요.

(아뭏든, 아무튼) 할아버지께서 무사하시다니 다행입니다.

띄어쓰기 주어진 두 문장 중 하나에는 띄어쓰기가 틀린 부분이 있습니다. 둘 중 바르게 띄어쓰기를 한 문장을 찾아서 ○표 하세요.

㉮ **산 신령은** 호랑이를 타고 다닌다지?   ㉯ **산신령은** 호랑이를 타고 다닌다지?

도움말 두 낱말이 합쳐져서 한 낱말이 된 경우입니다.

관용어 □ 안에 낱말을 넣어서 그림 속 상황과 어울리는 속담이나 격언 등을 만들어 보세요.

자다가 □□을 두드린다

한자어 글의 의미에 맞게 □ 안에 들어갈 알맞은 사자성어를 보기 에서 찾아 써 보세요.

김정호가 예전 지도들을 철저히 분석해서 새 지도를 만든 것은 □□□□ 의 좋은 예이다.

보기 • 온고지신(溫故知新)   • 여리박빙(如履薄氷)   • 문일지십(聞一知十)

08

가로·세로 낱말 만들기

 주어진 글자를 연결하여 **07** 회에 공부한 낱말을 만들어 보세요.

		실					
		정	경	계			

솔	실	정	약	랑
이	계	서	경	흥

★ 도전 시간 | **1분**

★ 만들 낱말 수 | **4개**

★ 만든 낱말 수 | 개

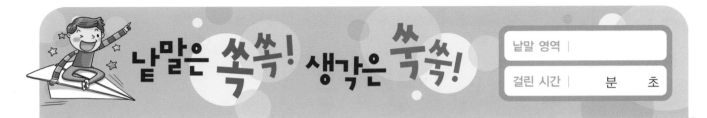

 **그림으로 낱말 찾기**

지시선이 가리키는 그림을 보고 사물의 이름이나 행동, 상태 등에 해당하는 낱말을 보기 에서 찾아 ☐ 안에 쓰세요.

❶ 이름씨

❷ 이름씨

❸ 움직씨

❹ 이름씨

❺ 이름씨

보기　·민화　·암행어사　·서학　·엄금하다　·이양선　·정변　·전차　·의사　·국채　·투표

 **낱말 뜻 알기**

☐ 안에는 어떤 낱말의 첫 글자가 쓰여 있습니다. 이 첫 글자를 참고하여 ☐에 알맞은 말을 넣어 낱말 풀이를 완성해 보세요.

❶ **민화** : 실용을 목적으로 무명인이 그렸던 그림. 소☐하고 파격적이며 익☐스러운 것이 특징임.

❷ **암행어사** : 임☐의 특명을 받아 지방관의 비☐를 탐문하고 백성의 노☐를 살펴서 개선하던 임시 벼슬.

❸ **정변** : 혁☐이나 쿠데타 등의 비합법적인 수단으로 생긴 정☐상의 큰 변동.

❹ **국채** : 국가가 재☐상의 필요에 따라 국가의 신용으로 설정하는 금전상의 채☐.

❺ **투표** : 선☐를 하거나 가부를 결정할 때 용지에 의사를 표☐하는 일.

 **낱말 친구 사총사**

다음 밑줄 친 낱말의 뜻이 다른 셋과 같지 <u>않은</u> 것은 어느 것인지 번호를 고르세요.

❶ **의사**의 과실로 인하여 그 사람은 불구가 되고 말았어.

❷ 의대에 진학해서 외과 **의사**가 되고 싶어.

❸  **의사**로서 시골에서 봉사하며 많은 선행을 쌓았어.

❹  윤봉길은 독립 운동에 헌신하여 **의사**로 추앙받았어.

 **연상되는 낱말 찾기**

다음은 세 낱말을 보고 공통으로 연상되는 낱말을 찾는 문제입니다. 세 낱말과 관련 있는 낱말을 써 보세요.

서양	선교사	천주교	➡	
쿠데타	비합법적	정권(政權)	➡	
선거	용지	기표	➡	

 **짧은 글짓기**

주어진 낱말을 이용하여 보기 와 같은 형식으로 짧은 글을 지어 보세요.

> **보기**   누가 + 왜 + 무엇을 + 어떻게 했다

민화	
암행어사	
전차	

낱말 쌈 싸 먹기

알쏭달쏭 헷갈리는 맞춤법, 띄어쓰기, 관용어, 한자어가 이제 한입에 쏙!
하루에 한 쪽씩 맛있게 냠냠 해치우자!

맞춤법 다음 문장에서 맞춤법이 **틀린** 낱말을 찾아 바르게 고쳐 써 보세요.

> 요즘 나라 안밖에서 좋은 일이 많이 생깁니다.   (   ) → (   )

띄어쓰기 주어진 두 문장 중 하나에는 띄어쓰기가 틀린 부분이 있습니다. 둘 중 바르게 띄어쓰기를 한 문장을 찾아서 ○표 하세요.

㉮ **노벨상은** 인류를 위해 힘쓴 사람들이 받지요.   ㉯ **노벨 상은** 인류를 위해 힘쓴 사람들이 받지요.

도움말 두 낱말이 합쳐져서 한 낱말이 된 경우입니다.

관용어 □ 안에 낱말을 넣어서 그림 속 상황과 어울리는 속담이나 격언 등을 만들어 보세요.

> 미국의 수도는 뉴욕이야, 뉴욕이 제일 유명하잖아.

> 쯧쯧, 워싱턴 D.C.거든, 잘 알지도 못하면서……,

Q 미국의 수도는?

잠자코 있는 것이
□□을 면한다

한자어 글의 의미에 맞게 □ 안에 들어갈 알맞은 한자어를 보기 에서 찾아 써 보세요.

> 추석에는 차례를 지내고 □□을 기리기 위해 □□를 간다.

> 보기   · 省墓   · 後孫   · 祖上   · 歸鄕

가로·세로 낱말 만들기

 주어진 글자를 연결하여 **08** 회에 공부한 낱말을 만들어 보세요.

		국	정				
		금	양				

양	엄	금	변	채
정	국	선	원	이

★ 도전 시간	**1분**
★ 만들 낱말 수	**4개**
★ 만든 낱말 수	**개**

낱말은 쏙쏙! 생각은 쑥쑥!

그림으로 낱말 찾기

지시선이 가리키는 그림을 보고 사물의 이름이나 행동, 상태 등에 해당하는 낱말을 보기 에서 찾아 □ 안에 쓰세요.

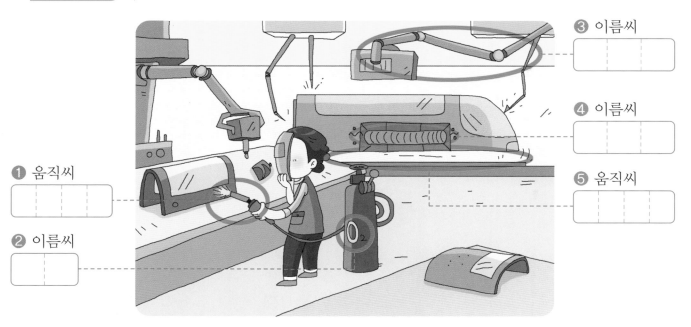

❸ 이름씨

❹ 이름씨

❶ 움직씨

❺ 움직씨

❷ 이름씨

보기 　•기체　•질소　•산소　•표백제　•용접하다　•수소　•전자석　•기중기　•부상하다　•전동기

낱말 뜻 알기

□ 안에는 어떤 낱말의 첫 글자가 쓰여 있습니다. 이 첫 글자를 참고하여 □에 알맞은 말을 넣어 낱말 풀이를 완성해 보세요.

❶ **기체** : 액체나 고체와 달리 분자의 간 □ 이 멀고 응집력이 없어서 각 분자가 자유로이 유 □ 하는 상태.

❷ **질소** : 공 □ 의 약 5분의 4를 차지하는 무색, 무미, 무취의 기체 원 □ .

❸ **표백제** : 여러 가지 섬 □ 나 염색 재료 속에 들어 있는 색 □ 를 없애는 약 □ .

❹ **전자석** : 전류가 흐르면 자 □ 화되고, 전류를 끊으면 원래의 상태로 돌아가는 일 □ 적 자석.

❺ **기중기** : 무거운 물 □ 을 들어 올려 아래위나 수평으로 이 □ 시키는 기계.

 **낱말 친구 사총사**

다음 보기의 글에서 밑줄 친 말이 뜻하는 것을 올바르게 말하고 있는 친구는 누구인지 고르세요.

> 보기   스승님은 내게 늘 **산소 같은 존재**가 되라고 하셨어.

 ❶ 화려한 묘지를 남기는 사람이라는 뜻이야.

 ❷ 호흡을 잘 맞추는 사람이라는 뜻이야.

 ❸ 산소를 좋아하는 사람이라는 뜻이야.

 ❹ 세상에 꼭 필요한 사람이라는 뜻이야.

 **연상되는 낱말 찾기**

다음은 세 낱말을 보고 공통으로 연상되는 낱말을 찾는 문제입니다. 세 낱말과 관련 있는 낱말을 써 보세요.

녹이다	붙이다	접합	→	
물건	운반	크레인	→	
전기	회전	기계	→	

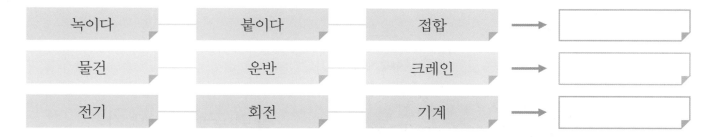 **짧은 글짓기**

주어진 낱말을 이용하여 보기와 같은 형식으로 짧은 글을 지어 보세요.

> 보기   왜 + 무엇을 + 어떻게 했다

표백제	
수소	
부상하다	

낱말 쌈 싸 먹기

알쏭달쏭 헷갈리는 맞춤법, 띄어쓰기, 관용어, 한자어가 이제 한입에 쏙!
하루에 한 쪽씩 맛있게 냠냠 해치우자!

맞춤법 다음 문장에서 ( ) 안의 낱말 중 맞춤법이 맞는 낱말에 ○표 하세요.

> 오늘은 (웬지, 왠지) 바깥 나들이를 하고 싶구나.

띄어쓰기 주어진 두 문장 중 하나에는 띄어쓰기가 틀린 부분이 있습니다. 둘 중 바르게 띄어쓰기를 한 문장을 찾아서 ○표 하세요.

㉮ **씨름 판이** 열린다니 빨리 가 보자.   ㉯ **씨름판이** 열린다니 빨리 가 보자.

도움말 두 낱말이 합쳐져서 한 낱말이 된 경우입니다.

관용어 ☐ 안에 낱말을 넣어서 그림 속 상황과 어울리는 속담이나 격언 등을 만들어 보세요.

> 시험 끝날 때까지 고민하다 답을 바꿨는데, 처음 쓴 게 맞았지 뭐야!
>
> 에구, 안됐다.
>
> 장고 끝에 ☐☐

한자어 글의 의미에 맞게 ☐ 안에 들어갈 알맞은 사자성어를 **보기** 에서 찾아 써 보세요.

> 붕어 잡으러 왔다가 피라미 한 마리를 잡았으니 ☐☐☐☐(이)가 되어 버렸네.

보기 · 금수강산(錦繡江山)   · 침소봉대(針小棒大)   · 용두사미(龍頭蛇尾)

가로·세로 낱말 만들기

10

 주어진 글자를 연결하여 **09** 회에 공부한 낱말을 만들어 보세요.

		접	전				
						제	
						상	

접	표	자	부	백
제	석	상	용	전

★ 도전 시간	**1분**
★ 만들 낱말 수	**4개**
★ 만든 낱말 수	개

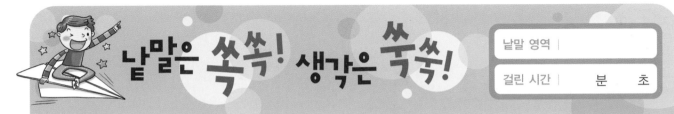

그림으로 낱말 찾기

지시선이 가리키는 그림을 보고 사물의 이름이나 행동, 상태 등에 해당하는 낱말을 보기 에서 찾아 □ 안에 쓰세요.

❸ 이름씨

❹ 움직씨

❺ 이름씨

❶ 이름씨

❷ 움직씨

보기 · 공정 · 해소 · 처벌하다 · 자율 · 타율 · 인터뷰하다 · 준법 · 범죄 · 검사 · 법무부

낱말 뜻 알기

□ 안에는 어떤 낱말의 첫 글자가 쓰여 있습니다. 이 첫 글자를 참고하여 □에 알맞은 말을 넣어 낱말 풀이를 완성해 보세요.

❶ **공정** : 공 □ 하고 올바름.

❷ **해소** : 어려운 일이나 문 □ 가 되는 상태를 해 □ 하여 없애 버림.

❸ **처벌하다** : 죄 □ 에 맞는 형 □ 을 부여하다.

❹ **타율** : 자신의 의 □ 와 관계없이 정해진 원칙이나 규 □ 에 따라 움직이는 일.

❺ **검사** : 검찰권을 행 □ 하는 사법관. 범죄를 수 □ 하고 공소를 제 □ 함.

 **낱말 친구 사총사**

다음 밑줄 친 낱말의 뜻이 다른 셋과 같지 <u>않은</u> 것은 어느 것인지 번호를 고르세요.

 ❶ **검사**의 잘못된 판단은 억울한 사람을 만들 수도 있어.

 ❷ 신체 **검사**에 합격해야 통과될 수 있어.

 ❸ 숙제 **검사**할 때가 가장 긴장되고 떨려.

 ❹ 품질 **검사**를 엄격하게 해야 불량품이 줄어.

 **연상되는 낱말 찾기**

다음은 세 낱말을 보고 공통으로 연상되는 낱말을 찾는 문제입니다. 세 낱말과 관련 있는 낱말을 써 보세요.

스스로	통제	절제	➡	
법률	규칙	지키다	➡	
위법	잘못	어기다	➡	

 **짧은 글짓기**

주어진 낱말을 이용하여 [보기] 와 같은 형식으로 짧은 글을 지어 보세요.

[보기]   누가 + 언제 + 무엇을 + 어떻게 한다

처벌하다	
타율	
법무부	

낱말 쌈 싸 먹기

알쏭달쏭 헛갈리는 맞춤법, 띄어쓰기, 관용어, 한자어가 이제 한입에 쏙!
하루에 한 쪽씩 맛있게 냠냠 해치우자!

맞춤법 ── 다음 문장에서 맞춤법이 <u>틀린</u> 낱말을 찾아 바르게 고쳐 써 보세요.

저 언덕빼기 너머엔 누가 살고 있을까?　　　(　　　　　) → (　　　　　)

띄어쓰기 ── 주어진 두 문장 중 하나에는 띄어쓰기가 틀린 부분이 있습니다. 둘 중 바르게 띄어쓰기를 한 문장을 찾아서 ◯표 하세요.

㉮ **18세기말의** 조선 상황을 설명해 주세요.　　　㉯ **18세기 말의** 조선 상황을 설명해 주세요.

도움말 '말'은 의존명사입니다.

관용어 ── □ 안에 낱말을 넣어서 그림 속 상황과 어울리는 속담이나 격언 등을 만들어 보세요.

> 장난감도 많은 놈이, 하나 주지는 못할망정 그걸 뺐냐.

적선은 못할망정
□□은 깨지 마라

한자어 ── 글의 의미에 맞게 □ 안에 들어갈 알맞은 한자어를 **보기**에서 찾아 써 보세요.

이황 선생은 □□(으)로 책을 읽고 성리학을 □□하여 대학자가 되었다.

보기　• 季節　• 晝夜　• 運動　• 工夫

가로·세로 낱말 만들기

 주어진 글자를 연결하여 10 회에 공부한 낱말을 만들어 보세요.

				처			
				자			
		소	인				

벌	터	타	해	인
자	소	처	뷰	율

★ 도전 시간 | **1분**

★ 만들 낱말 수 | **5개**

★ 만든 낱말 수 | 개

 낱말은 쏙쏙! 생각은 쑥쑥!

낱말 영역 |

걸린 시간 | 　　분　　　초

 그림으로 낱말 찾기

지시선이 가리키는 그림을 보고 사물의 이름이나 행동, 상태 등에 해당하는 낱말을 **보기** 에서 찾아 ☐ 안에 쓰세요.

❸ 이름씨

❹ 이름씨

❶ 움직씨

❷ 이름씨

❺ 움직씨

보기 ·목재　·판잣집　·금속　·선반　·제재소　·벌목하다　·나이테　·목제품　·다용도　·마름질하다

 낱말 뜻 알기

☐ 안에는 어떤 낱말의 첫 글자가 쓰여 있습니다. 이 첫 글자를 참고하여 ☐에 알맞은 말을 넣어 낱말 풀이를 완성해 보세요.

❶ **판잣집** : 판 ☐ 로 사방을 이어 둘러서 벽을 만들고 허 ☐ 하게 지은 집.

❷ **금속** : 열이나 전 ☐ 를 잘 전도하고, 펴지고 늘어나는 성질이 풍부하며, 특수한 광 ☐ 을 지닌 물질.

❸ **제재소** : 베어 낸 나 ☐ 로 목 ☐ 를 만드는 곳.

❹ **벌목하다** : 숲속의 나 ☐ 를 베다.

❺ **나이테** : 나무의 줄 ☐ 나 가 ☐ 를 자른 단 ☐ 에 나타나는 둥근 테. 1년마다 하나씩 생김.

낱말 친구 사총사

다음 밑줄 친 낱말 중 다른 셋을 포함하는 <u>큰 말</u>에 해당하는 낱말을 고르세요.

❶
용광로 안에 **철광석**을 넣으면 녹아서 물처럼 흘러.

❷
전선의 재료로 전도율이 좋은 **구리**가 많이 사용돼.

❸
이 반지는 **금속** 세공 기술자인 우리 삼촌이 직접 만든 거야.

❹
이 비행기는 무게를 줄이기 위해 **알루미늄**을 주재료로 사용했어.

연상되는 낱말 찾기

다음은 세 낱말을 보고 공통으로 연상되는 낱말을 찾는 문제입니다. 세 낱말과 관련 있는 낱말을 써 보세요.

물질	전도체	광택	→	
많다	다양하다	쓰임새	→	
치수	재다	자르다	→	

짧은 글짓기

주어진 낱말을 이용하여 보기 와 같은 형식으로 짧은 글을 지어 보세요.

보기   누가(무엇이) + 언제 + 무엇을 + 어떻게 한다

벌목하다	
나이테	
목제품	

낱말 쌈 싸 먹기

알쏭달쏭 헛갈리는 맞춤법, 띄어쓰기, 관용어, 한자어가 이제 한입에 쏙!
하루에 한 쪽씩 맛있게 냠냠 해치우자!

맞춤법 다음 문장에서 (   ) 안의 낱말 중 맞춤법이 맞는 낱말에 ○표 하세요.

(양칫물, 양치물)이 옷에 묻지 않도록 조심하세요.

띄어쓰기 주어진 두 문장 중 하나에는 띄어쓰기가 틀린 부분이 있습니다. 둘 중 바르게 띄어쓰기를 한 문장을 찾아서 ○표 하세요.

㉮ **머나먼** 고향이 정말 그립구나.

㉯ **머나 먼** 고향이 정말 그립구나.

도움말 '몹시 멀다.' 라는 뜻을 가진 한 낱말입니다.

관용어 □ 안에 낱말을 넣어서 그림 속 상황과 어울리는 속담이나 격언 등을 만들어 보세요.

> 더운 날씨에 힘들겠구려.

> 돈도 벌고 체력도 기를 수 있어 좋아요.

젊어서 □□은 사서도 한다

한자어 글의 의미에 맞게 □ 안에 들어갈 알맞은 사자성어를 **보기** 에서 찾아 써 보세요.

수십 년 동안 사막에 나무를 심어 숲을 이룬 것을 보니 □□□□ 이라는 말이 실감 나는구나.

보기 · 우왕좌왕(右往左往) · 우공이산(愚公移山) · 우유부단(優柔不斷)

가로·세로 낱말 만들기

 주어진 글자를 연결하여 **11** 회에 공부한 낱말을 만들어 보세요.

	벌			재			
	금			질			

속	름	재	목	마
제	벌	금	질	소

★ 도전 시간 | **1분**

★ 만들 낱말 수 | **4개**

★ 만든 낱말 수 | 개

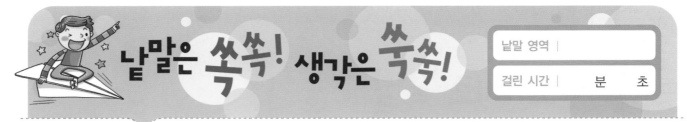

낱말 영역 |

걸린 시간 | 　　분　　초

지시선이 가리키는 그림을 보고 사물의 이름이나 행동, 상태 등에 해당하는 낱말을 보기 에서 찾아 ☐ 안에 쓰세요.

❶ 이름씨

❸ 이름씨

❹ 움직씨

❷ 움직씨

❺ 이름씨

보기 ・무동 ・성충 ・기승 ・정탐 ・호외 ・교화 ・추수하다 ・가부좌하다 ・소일거리 ・권주가

낱말 뜻 알기

☐ 안에는 어떤 낱말의 첫 글자가 쓰여 있습니다. 이 첫 글자를 참고하여 ☐에 알맞은 말을 넣어 낱말 풀이를 완성해 보세요.

❶ **성충** : 다 자라서 [생]☐☐ 능력이 있는 [곤]☐.

❷ **기승** : [기]☐나 힘이 누그러들지 않음.

❸ **정탐** : 드러나지 않은 [사]☐이나 [비]☐을 [몰]☐ 살펴서 알아냄.

❹ **호외** : [특]☐한 일이 있을 때 [임]☐로 발행하는 [신]☐이나 잡지.

❺ **소일거리** : 그럭저럭 [세]☐을 보내기 위해 [심]☐☐☐로 하는 일.

 **낱말 친구 사총사**

다음 밑줄 친 낱말의 뜻이 다른 셋과 같지 <u>않은</u> 것은 어느 것인지 번호를 고르세요.

① 죄인은 처벌도 중요하지만 **교화**를 해야 돼.

② 청소년은 **교화**와 선도의 대상이야.

③  사람은 **교화**를 통해 충분히 새로워질 수 있어.

④  우리 학교의 **교화**는 진달래야.

 **연상되는 낱말 찾기**

다음은 세 낱말을 보고 공통으로 연상되는 낱말을 찾는 문제입니다. 세 낱말과 관련 있는 낱말을 써 보세요.

춤	목말	아이	→	
가을걷이	곡식	거두다	→	
술	권하다	노래	→	

 **짧은 글짓기**

주어진 낱말을 이용하여 [보기]와 같은 형식으로 짧은 글을 지어 보세요.

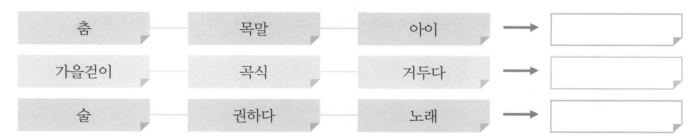

[보기]   누가 + 언제 + 왜 + 어떻게 한다

정탐	
가부좌하다	
소일거리	

낱말 쌈 싸 먹기

알쏭달쏭 헛갈리는 맞춤법, 띄어쓰기, 관용어, 한자어가 이제 한입에 쏙!
하루에 한 쪽씩 맛있게 냠냠 해치우자!

맞춤법　다음 문장에서 맞춤법이 <u>틀린</u> 낱말을 찾아 바르게 고쳐 써 보세요.

> 네가 원하는 곳이라면 어디던지 가도 좋아.　　(　　　　　) → (　　　　　)

띄어쓰기　주어진 두 문장 중 하나에는 띄어쓰기가 틀린 부분이 있습니다. 둘 중 바르게 띄어쓰기를 한 문장을 찾아서 ○표 하세요.

㉮ 이 음악을 듣고 **느낀대로** 표현해 보자.　　　　㉯ 이 음악을 듣고 **느낀 대로** 표현해 보자.

도움말 '대로'는 의존명사입니다.

관용어　□ 안에 낱말을 넣어서 그림 속 상황과 어울리는 속담이나 격언 등을 만들어 보세요.

바보 온달이 장가를 간다면서요?

그러게요, 온달이 결혼할지 누가 알았겠어요.

□□도 제짝이 있다

한자어　글의 의미에 맞게 □ 안에 들어갈 알맞은 한자어를 보기 에서 찾아 써 보세요.

삼촌은 취업 □□(을)를 잘한 까닭에 좋은 □□에 들어갈 수 있었다.

보기　· 藝能　　· 準備　　· 職業　　· 職場

가로·세로 낱말 만들기

 주어진 글자를 연결하여 **12** 회에 공부한 낱말을 만들어 보세요.

				가	정		
		호	기				

부	외	가	정	교
기	탐	승	호	좌

★ 도전 시간 | **1분**

★ 만들 낱말 수 | **4개**

★ 만든 낱말 수 | **개**

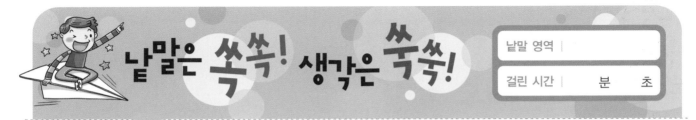

낱말은 쏙쏙! 생각은 쑥쑥!

낱말 영역 |

걸린 시간 | 　분　　초

그림으로 낱말 찾기

지시선이 가리키는 그림을 보고 사물의 이름이나 행동, 상태 등에 해당하는 낱말을 보기 에서 찾아 □ 안에 쓰세요.

❶ 움직씨

❷ 이름씨

❸ 이름씨

❹ 이름씨

❺ 이름씨

정치적 이해를 떠나 철저히 감사하겠습니다.

철저한 國政監査를!!

보기 · 의병 · 합병하다 · 광복군 · 신탁통치 · 민주화 · 맹세하다 · 언론 · 시민단체 · 국회의원 · 국정감사

낱말 뜻 알기

□ 안에는 어떤 낱말의 첫 글자가 쓰여 있습니다. 이 첫 글자를 참고하여 □에 알맞은 말을 넣어 낱말 풀이를 완성해 보세요.

❶ **의병** : 외□의 침입을 물리치기 위해 백□들이 자발적으로 조직한 군□.

❷ **합병하다** : 둘 이상의 기구나 단□, 나□ 등을 하나로 합치다.

❸ **광복군** : 일□ 강점기에 중국에서 조직되어, 우리나라의 독□을 위해 일본에 대항하던 군□.

❹ **신탁통치** : 제2차 세계대전 후, 국□ 연합의 위임을 받은 나라가 일정한 비자치 지역에서 행하는 통□ 형태.

❺ **언론** : 매□를 통하여 어떤 사□을 밝혀 알리거나 어떤 문제에 대하여 여□을 형성하는 활동.

다음 밑줄 친 낱말 중 다른 셋과 거리가 <u>먼</u> 낱말을 말하는 친구를 고르세요.

① 임진왜란 때 수많은 **의병**들의 활약으로 위기를 극복했어.

② 멋진 조종사가 되기 위해서 **공군** 사관 학교에 입학할 거야.

③ **광복군**은 1940년 중국 충칭에서 조직되었어.

④ **합병**된 나라는 외교권이 박탈될 수밖에 없어.

연상되는 낱말 찾기

다음은 세 낱말을 보고 공통으로 연상되는 낱말을 찾는 문제입니다. 세 낱말과 관련 있는 낱말을 써 보세요.

국가	하나	합치다	→	
약속	목포	다짐하다	→	
국회	선거	대표	→	

짧은 글짓기

주어진 낱말을 이용하여 보기와 같은 형식으로 짧은 글을 지어 보세요.

보기   누가 + 언제 + 어디서 + 어떻게 했다

의병	
광복군	
민주화	

낱말 쌈 싸 먹기

알쏭달쏭 헷갈리는 맞춤법, 띄어쓰기, 관용어, 한자어가 이제 한입에 쏙!
하루에 한 쪽씩 맛있게 냠냠 해치우자!

맞춤법 다음 문장에서 (   ) 안의 낱말 중 맞춤법이 맞는 낱말에 ○표 하세요.

할아버지께서 아끼시는 도자기를 깨뜨렸으니 이제 난 (어떡해, 어떻해).

띄어쓰기 주어진 두 문장 중 하나에는 띄어쓰기가 틀린 부분이 있습니다. 둘 중 바르게 띄어쓰기를 한 문장을 찾아서 ○표 하세요.

㉮ 엄마, **아빠들이** 많이 참석해 주셨어요.

㉯ 엄마, **아빠 들이** 많이 참석해 주셨어요.

도움말 '들'은 의존명사로 사용되었습니다.

관용어 □ 안에 낱말을 넣어서 그림 속 상황과 어울리는 속담이나 격언 등을 만들어 보세요.

내일 스키 타러 간다.

나도 갈래.

너 내일 약속 있지 않아?

□□ 따라
□□ 간다

한자어 글의 의미에 맞게 □ 안에 들어갈 알맞은 사자성어를 보기 에서 찾아 써 보세요.

□□□□ (이)라고 홍수에 대비해 둑을 높이 쌓았다.

보기 • 금수강산(錦繡江山)   • 호사유피(虎死留皮)   • 유비무환(有備無患)

가로·세로 낱말 만들기

14

 주어진 글자를 연결하여 **13** 회에 공부한 낱말을 만들어 보세요.

				의	탁		
				정			
				론			

론	탁	의	신	합
통	병	언	정	치

★ 도전 시간	**1분**
★ 만들 낱말 수	**4개**
★ 만든 낱말 수	**개**

낱말은 쏙쏙! 생각은 쑥쑥!

그림으로 낱말 찾기

지시선이 가리키는 그림을 보고 사물의 이름이나 행동, 상태 등에 해당하는 낱말을 보기 에서 찾아 □ 안에 쓰세요.

❶ 이름씨

☐ ☐ 계

❷ 이름씨

❸ 이름씨

❹ 이름씨

❺ 움직씨

보기 · 잠수부 · 잠수정 · 압력 · 탐지하다 · 일기도 · 고기압 · 저기압 · 기상청 · 범람하다 · 적조 현상

낱말 뜻 알기

□ 안에는 어떤 낱말의 첫 글자가 쓰여 있습니다. 이 첫 글자를 참고하여 □에 알맞은 말을 넣어 낱말 풀이를 완성해 보세요.

❶ **잠수부** : 잠☐ 작업을 전문으로 하는 사☐ .

❷ **압력** : 두 물체가 접촉면을 경☐ 로 하여 서로 그 면에 수☐ 으로 누르는 단위 면적에서의 힘의 단위.

❸ **탐지하다** : 드러나지 않은 사☐ 이나 물건 따위를 더☐☐ 찾아 알아내다.

❹ **기상청** : 우리나라의 기☐ 상태를 관☐ 하고 예☐ 하는 중앙 행정 기관.

❺ **적조 현상** : 동물성 플☐☐ 의 이상 번식으로 바☐☐ 이 붉☐ 물들어 보이는 현상.

낱말 친구 사총사

다음 보기의 글에서 밑줄 친 말이 뜻하는 것을 올바르게 말하고 있는 친구는 누구인지 고르세요.

> 보기   사장님이 오늘따라 **저기압**이니까 신경이 쓰이게 하지 말자.

 ❶ 기분이 별로 좋지 않은 상태라는 뜻이야.

 ❷ 날씨가 좋지 않아 몸이 아프다는 뜻이야.

 ❸ 혈압 수치가 떨어졌다는 뜻이야.

 ❹ 몸이 가볍고 개운하다는 뜻이야.

 **연상되는 낱말 찾기**

다음은 세 낱말을 보고 공통으로 연상되는 낱말을 찾는 문제입니다. 세 낱말과 관련 있는 낱말을 써 보세요.

잠수	탐사	배	→	
등압선	등온선	그림	→	
물	하천	넘치다	→	

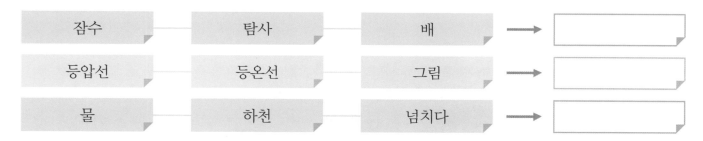

 **짧은 글짓기**

주어진 낱말을 이용하여 보기와 같은 형식으로 짧은 글을 지어 보세요.

> 보기   누가 + 왜 + 어떻게 하였다

고기압	
기상청	
적조 현상	

낱말 쌈 싸 먹기

알쏭달쏭 헷갈리는 맞춤법, 띄어쓰기, 관용어, 한자어가 이제 한입에 쏙!
하루에 한 쪽씩 맛있게 냠냠 해치우자!

맞춤법   다음 문장에서 맞춤법이 <u>틀린</u> 낱말을 찾아 바르게 고쳐 써 보세요.

그렇게 어리버리 일을 처리하면 어떡하니?   (   ) → (   )

띄어쓰기   주어진 두 문장 중 하나에는 띄어쓰기가 틀린 부분이 있습니다. 둘 중 바르게 띄어쓰기를 한 문장을 찾아서 ○표 하세요.

㉮ **조금 이나마** 도움이 되기를 바랍니다.

㉯ **조금이나마** 도움이 되기를 바랍니다.

도움말   다른 말과의 문법적 관계를 표시하거나 그 말의 뜻을 도와주는 조사는 앞말과 붙여 씁니다.

관용어   □ 안에 낱말을 넣어서 그림 속 상황과 어울리는 속담이나 격언 등을 만들어 보세요.

영준인 공부는 잘 하지만 운동은 못해.

모든걸 다 잘하기는 어려워.

크고 단 □□ 없다

한자어   글의 의미에 맞게 □ 안에 들어갈 알맞은 한자어를 **보기**에서 찾아 써 보세요.

□□ 만물은 □□(이)가 조화를 이루고 있습니다.

보기   • 陰陽   • 東西   • 海洋   • 天地

가로·세로 낱말 만들기

 주어진 글자를 연결하여 14 회에 공부한 낱말을 만들어 보세요.

			조				
			기				

고	현	적	상	기
력	상	압	청	조

★ 도전 시간 | **1분**

★ 만들 낱말 수 | **4개**

★ 만든 낱말 수 | 개

낱말은 쏙쏙! 생각은 쑥쑥!

그림으로 낱말 찾기

지시선이 가리키는 그림을 보고 사물의 이름이나 행동, 상태 등에 해당하는 낱말을 보기 에서 찾아 □ 안에 쓰세요.

❶ 이름씨

❷ 이름씨

❸ 이름씨

❹ 이름씨

❺ 이름씨

(반지름) X 2 X 3.14

3	미술	국어
4	음악	영어
5	국어	한문
6	수학	

보기 • 회전체 • 회전축 • 단면 • 반올림 • 원주 • 원주율 • 확률 • 연비 • 비례배분

낱말 뜻 알기

□ 안에는 어떤 낱말의 첫 글자가 쓰여 있습니다. 이 첫 글자를 참고하여 □에 알맞은 말을 넣어 낱말 풀이를 완성해 보세요.

❶ **회전체** : 평□ 도형의 한 직선을 축으로 회□ 해서 얻어지는 입□ 도형.

❷ **반올림** : 근□ 을 구할 때 4 이□ 의 수는 버리고 5 이□ 의 수는 그 윗자리에 1을 더하여 주는 방법.

❸ **원주** : 원의 둘□ 의 길이.

❹ **확률** : 일정한 조□ 에서 어떤 경우나 사건이 일어날 가□ 의 정도.

❺ **연비** : 세 개 이상의 수나 양의 비□ .

 **낱말 친구 사총사**

다음 밑줄 친 낱말의 뜻이 다른 셋과 같지 <u>않은</u> 것은 어느 것인지 번호를 고르세요.

 ❶ 나무의 **단면**을 보면 나이테가 촘촘히 나 있어.

 ❷ 그의 책을 통해 인생의 한 **단면**을 볼 수 있을 거야.

 ❸ 폭우로 산비탈의 **단면**이 드러나 있었어.

 ❹ 이 **단면**을 통해 오랫동안 퇴적물이 쌓여 왔다는 걸 알 수 있어.

 **연상되는 낱말 찾기**

다음은 세 낱말을 보고 공통으로 연상되는 낱말을 찾는 문제입니다. 세 낱말과 관련 있는 낱말을 써 보세요.

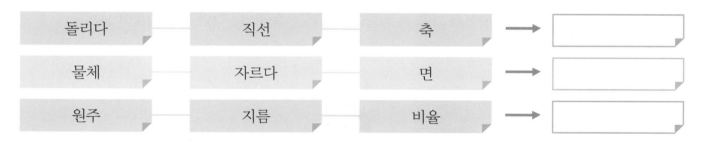

돌리다	직선	축	➡	
물체	자르다	면	➡	
원주	지름	비율	➡	

 **짧은 글짓기**

주어진 낱말을 이용하여 보기 와 같은 형식으로 짧은 글을 지어 보세요.

보기　　무엇을 + 어떻게 하면 + 어떻게 된다

반올림	
확률	
비례배분	

낱말 쌈 싸 먹기

알쏭달쏭 헛갈리는 맞춤법, 띄어쓰기, 관용어, 한자어가 이제 한입에 쏙!
하루에 한 쪽씩 맛있게 냠냠 해치우자!

맞춤법 다음 문장에서 ( ) 안의 낱말 중 맞춤법이 맞는 낱말에 ○표 하세요.

> 장금이가 (엇그저께, 엊그저께) 수라 음식으로 무엇을 준비했는지 아느냐?

띄어쓰기 주어진 두 문장 중 하나에는 띄어쓰기가 틀린 부분이 있습니다. 둘 중 바르게 띄어쓰기를 한 문장을 찾아서 ○표 하세요.

㉮ **무시당하고** 기분이 좋을 사람이 있을까요?

㉯ **무시 당하고** 기분이 좋을 사람이 있을까요?

도움말 '당하다' 는 뜻을 더해 주는 접미사입니다.

관용어 ☐ 안에 낱말을 넣어서 그림 속 상황과 어울리는 속담이나 격언 등을 만들어 보세요.

☐☐☐☐도
저 싫으면 그만이다

한자어 글의 의미에 맞게 ☐ 안에 들어갈 알맞은 사자성어를 보기 에서 찾아 써 보세요.

마음씨 고운 순남이 주변에 착한 애들이 모이는 것을 보면 ☐☐☐☐(이)란 말이 맞아.

보기 · 조족지혈(鳥足之血)   · 유유상종(類類相從)   · 호가호위(狐假虎威)

공부를 시작하기 전에 가볍게 머리를 풀어 보아요!

가로·세로 **낱말** 만들기

16

 주어진 글자를 연결하여 **15** 회에 공부한 낱말을 만들어 보세요.

			연				
			단				
			배	반			

레	면	림	배	단
분	올	연	반	비

★ 도전 시간	**1분**
★ 만들 낱말 수	**4개**
★ 만든 낱말 수	개

낱말은 쏙쏙! 생각은 쑥쑥!

그림으로 낱말 찾기

지시선이 가리키는 그림을 보고 사물의 이름이나 행동, 상태 등에 해당하는 낱말을 보기 에서 찾아 □ 안에 쓰세요.

❸ 이름씨

❹ 이름씨

❶ 이름씨

❷ 움직씨

❺ 이름씨

보기　• 합성세제　• 미생물　• 스모그　• 방류하다　• 습지　• 정화　• 생태계　• 부식니　• 보전하다

낱말 뜻 알기

□ 안에는 어떤 낱말의 첫 글자가 쓰여 있습니다. 이 첫 글자를 참고하여 □에 알맞은 말을 넣어 낱말 풀이를 완성해 보세요.

❶ **합성세제** : 석유 화□ 적으로 합성된 세제. 용액이 중□ 이므로 중□□□ 라고도 함.

❷ **미생물** : 눈으로는 식□ 이 안 되는 아주 작□ 생물.

❸ **스모그** : 자□□ 의 배기가스나 공□ 에서 내뿜는 연기가 안□ 와 같이 된 상태.

❹ **정화** : 불□ 하거나 더러운 것을 깨끗하게 함.

❺ **부식니** : 부식질을 주성분으로 하는 호□ 바닥의 퇴□□ .

낱말 친구 사총사

다음 밑줄 친 낱말 중 다른 셋과 거리가 <u>먼</u> 낱말을 말하는 친구를 고르세요.

❶ **스모그** 때문에 하늘이 희뿌옇게 변했어.

❷  **폐수**를 함부로 버리는 것도 불법이야.

❸  **습지**에는 다양한 미생물들이 살고 있어.

❹  **합성세제**를 줄이면 하천 오염도 줄어들 거야.

연상되는 낱말 찾기

다음은 세 낱말을 보고 공통으로 연상되는 낱말을 찾는 문제입니다. 세 낱말과 관련 있는 낱말을 써 보세요.

배기가스	오염	안개	→	
불순물	더러움	깨끗이 하다	→	
보호	유지	온전하다	→	

짧은 글짓기

주어진 낱말을 이용하여 보기 와 같은 형식으로 짧은 글을 지어 보세요.

보기	누가 + 왜 + 무엇을 + 어떻게 했다

합성세제	
미생물	
습지	

낱말 쌈 싸 먹기

알쏭달쏭 헷갈리는 맞춤법, 띄어쓰기, 관용어, 한자어가 이제 한입에 쏙!
하루에 한 쪽씩 맛있게 냠냠 해치우자!

맞춤법 다음 문장에서 맞춤법이 <u>틀린</u> 낱말을 찾아 바르게 고쳐 써 보세요.

> 옛부터 우리나라는 예의를 중요하게 여겼다.　　　　(　　　　) → (　　　　)

띄어쓰기 주어진 두 문장 중 하나에는 띄어쓰기가 틀린 부분이 있습니다. 둘 중 바르게 띄어쓰기를 한 문장을 찾아서 ○표 하세요.

㉮ 시장에 가니 **싸고 싼** 물건이 많았다.　　　　㉯ 시장에 가니 **싸고싼** 물건이 많았다.

도움말 같은 낱말이 두 번 반복되어 한 낱말이 된 경우입니다.

관용어 □ 안에 낱말을 넣어서 그림 속 상황과 어울리는 속담이나 격언 등을 만들어 보세요.

너는 왜 네 동생한테만 공을 차 주니?

미안해, 동생이 자주 눈에 띄는 걸 어떡해.

피는 □ 보다 진하다

한자어 글의 의미에 맞게 □ 안에 들어갈 알맞은 한자어를 **보기**에서 찾아 써 보세요.

삼촌은 □□ 특기생으로 대학에 갈 만큼 튼튼하고 □□ 한 사람이었다.

> **보기** ・健康 　・音樂 　・體育 　・和音

가로·세로 낱말 만들기

17

 주어진 글자를 연결하여 **16** 회에 공부한 낱말을 만들어 보세요.

			습				
			생		식		
					수		

태	지	부	생	니
수	식	폐	습	계

★ 도전 시간 | **1분**

★ 만들 낱말 수 | **4개**

★ 만든 낱말 수 | **개**

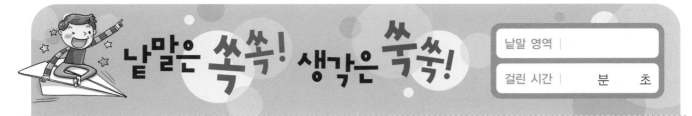

그림으로 낱말 찾기

지시선이 가리키는 그림을 보고 사물의 이름이나 행동, 상태 등에 해당하는 낱말을 보기 에서 찾아 □ 안에 쓰세요.

❸ 이름씨

❶ 이름씨

❹ 움직씨

❷ 이름씨

❺ 움직씨

보기 ·구상도 ·사포질하다 ·장도리 ·대패 ·가공 ·조립하다 ·공구 ·접착제 ·애완동물 ·진돗개

낱말 뜻 알기

□ 안에는 어떤 낱말의 첫 글자가 쓰여 있습니다. 이 첫 글자를 참고하여 □에 알맞은 말을 넣어 낱말 풀이를 완성해 보세요.

❶ **구상도** : 계획한 생 [ ] 을 표현하는 바탕이 될 그림이나 도 [ ] .

❷ **대패** : 나 [ ] 를 곱게 밀어 깎는 연 [ ] . 직육면체형의 단단한 나무토막에 직사각형의 납작한 쇠

　　날이 비 [ ] [ ] [ ] 박혀 있음.

❸ **가공** : 원 [ ] 나 반제품을 인 [ ] 적으로 처리하여 새로운 제품을 만들어 냄.

❹ **조립하다** : 여러 부 [ ] 을 하나의 구 [ ] [ ] 로 짜 맞추다.

❺ **접착제** : 두 물 [ ] 의 표면이 접 [ ] 하여 떨어지지 않게 만드는 물질.

낱말 친구 사총사

다음 밑줄 친 낱말 중 다른 셋을 포함하는 <u>큰 말</u>에 해당하는 낱말을 고르세요.

① **사포**로 문지르니까 바닥이 반들반들해졌어.

②  가구를 만들 때 여러 가지 **공구**가 필요해.

③  나무 표면이 거칠면 **대패**로 밀어야 돼.

④  잘못 박힌 못은 **장도리**로 빼도록 해.

연상되는 낱말 찾기

다음은 세 낱말을 보고 공통으로 연상되는 낱말을 찾는 문제입니다. 세 낱말과 관련 있는 낱말을 써 보세요.

부품	맞추다	완성하다	→	
좋아하다	기르다	동물	→	
개	천연기념물	진도	→	

짧은 글짓기

주어진 낱말을 이용하여 보기 와 같은 형식으로 짧은 글을 지어 보세요.

보기   왜 + 무엇을 + 어떻게 해야 한다

구상도	
가공	
접착제	

낱말 쌈 싸 먹기

알쏭달쏭 헛갈리는 맞춤법, 띄어쓰기, 관용어, 한자어가 이제 한입에 쏙!
하루에 한 쪽씩 맛있게 냠냠 해치우자!

맞춤법 다음 문장에서 ( ) 안의 낱말 중 맞춤법이 맞는 낱말에 ○표 하세요.

네 옷을 (옷거리, 옷걸이)에 잘 걸어 놓으렴.

띄어쓰기 주어진 두 문장 중 하나에는 띄어쓰기가 틀린 부분이 있습니다. 둘 중 바르게 띄어쓰기를 한 문장을 찾아서 ○표 하세요.

㉮ **햇 곡식으로** 한 밥이라 참 맛있구나.   ㉯ **햇곡식으로** 한 밥이라 참 맛있구나.

도움말 '햇'은 접두사입니다.

관용어 ☐ 안에 낱말을 넣어서 그림 속 상황과 어울리는 속담이나 격언 등을 만들어 보세요.

먹고 싶은 것 한 가지만 말하면 안 되겠니?

엄마, 국수 먹고 싶어요. 아니 빵이 먹고 싶네요.

한 ☐ 으로 두 말 하기

한자어 글의 의미에 맞게 ☐ 안에 들어갈 알맞은 사자성어를 **보기** 에서 찾아 써 보세요.

열심히 연습한 덕분에 실력이 ☐☐☐☐ 해졌다.

보기 ・창해일속(滄海一粟)   ・혼정신성(昏定晨省)   ・일취월장(日就月將)

가로·세로 낱말 만들기

18

 주어진 글자를 연결하여 **17** 회에 공부한 낱말을 만들어 보세요.

		사					
		대		도			
				착			

도	착	리	포	접
패	사	대	장	제

★ 도전 시간 | **1분**

★ 만들 낱말 수 | **4개**

★ 만든 낱말 수 | **개**

**낱말은 쏙쏙! 생각은 쑥쑥!**

낱말 영역	
걸린 시간	분 초

그림으로 낱말 찾기

지시선이 가리키는 그림을 보고 사물의 이름이나 행동, 상태 등에 해당하는 낱말을 보기 에서 찾아 □ 안에 쓰세요.

❶ 이름씨

❷ 움직씨

❸ 이름씨

❹ 이름씨

❺ 이름씨

보기 • 무용곡   • 수제천   • 교향곡   • 변주곡   • 타령   • 대금   • 자진모리   • 중주   • 퉁기다

**낱말 뜻 알기**

□ 안에는 어떤 낱말의 첫 글자가 쓰여 있습니다. 이 첫 글자를 참고하여 □에 알맞은 말을 넣어 낱말 풀이를 완성해 보세요.

❶ **무용곡** : 무 □ 을 위하여 연 □ 하는 악곡.

❷ **교향곡** : 관 □ □ 으로 연주되는 여러 악 □ 형식의 악곡.

❸ **대금** : 국 □ □ 중 죽부(竹部)에 속하는 공 □ 악기. 젓대라고도 함.

❹ **자진모리** : 판 □ □ 나 산조 장 □ 의 하나. 휘모리보다 좀 느리고 중중모리보다 빠른 속도임.

❺ **중주** : 둘 이상의 성부(聲部)를 한 사람이 하나씩 맡아 동 □ 에 악 □ 로 연주함.

❻ **퉁기다** : 기 □ , 하프 따위의 현을 당겼다 놓아 소 □ 가 나게 하다.

낱말 친구 사총사

다음 보기 의 글에서 밑줄 친 말이 뜻하는 것을 올바르게 말하고 있는 친구는 누구인지 고르세요.

> 보기   엄마는 동생이 매일 장난감 **타령**을 하는 통에 머리가 아프다고 해.

❶ 말을 자꾸 되풀이한다는 뜻이야.

❷ 민요를 반복해서 부른다는 뜻이야.

❸  자꾸 부수고 고장 내서 못 쓰게 만든다는 뜻이야.

❹  다른 놀이를 하고 싶다는 뜻이야.

연상되는 낱말 찾기

다음은 세 낱말을 보고 공통으로 연상되는 낱말을 찾는 문제입니다. 세 낱말과 관련 있는 낱말을 써 보세요.

관현악	4악장	오케스트라	→	
국악기	대나무	젓대	→	
둘	기악	연주하다	→	

짧은 글짓기

주어진 낱말을 이용하여 보기 와 같은 형식으로 짧은 글을 지어 보세요.

> 보기   누가 + 언제 + 무엇을 + 어떻게 했다

무용곡	
수제천	
변주곡	

낱말 쌈 싸 먹기

알쏭달쏭 헷갈리는 맞춤법, 띄어쓰기, 관용어, 한자어가 이제 한입에 쏙!
하루에 한 쪽씩 맛있게 냠냠 해치우자!

맞춤법 다음 문장에서 맞춤법이 <u>틀린</u> 낱말을 찾아 바르게 고쳐 써 보세요.

윗어른을 대할 때는 공손한 마음을 지녀야 한다.   (   ) → (   )

띄어쓰기 주어진 두 문장 중 하나에는 띄어쓰기가 틀린 부분이 있습니다. 둘 중 바르게 띄어쓰기를 한 문장을 찾아서 ○표 하세요.

㉮ 이 벽에 **페인트 칠**을 새로 해야겠어요.

㉯ 이 벽에 **페인트칠**을 새로 해야겠어요.

도움말 두 낱말이 합쳐져서 한 낱말이 된 경우입니다.

관용어 □ 안에 낱말을 넣어서 그림 속 상황과 어울리는 속담이나 격언 등을 만들어 보세요.

말도 마, 밀린 숙제 하느라 밤을 새울 처지야.

내일이 개학인데 방학 숙제 다 했니?

□□로 막을 것을
□□로 막는다

한자어 글의 의미에 맞게 □ 안에 들어갈 알맞은 한자어를 **보기** 에서 찾아 써 보세요.

그 당시를 □□ 해 보니 그 사람은 □□ 대상에 포함되어 있지 않았다.

보기 · 招請   · 呼名   · 回想   · 計劃

가로·세로 낱말 만들기

19

 주어진 글자를 연결하여 **18** 회에 공부한 낱말을 만들어 보세요.

					주	모	

타	자	주	령	진
리	곡	모	중	변

★ 도전 시간	**1분**
★ 만들 낱말 수	**4개**
★ 만든 낱말 수	개

그림으로 낱말 찾기

지시선이 가리키는 그림을 보고 사물의 이름이나 행동, 상태 등에 해당하는 낱말을 보기 에서 찾아 □ 안에 쓰세요.

❶ 이름씨

❷ 이름씨

선생님, 제발 제 소를 살려 주세요.

❸ 움직씨

❹ 이름씨

❺ 이름씨

보기 · 빈털터리 · 달구지 · 타임머신 · 간청하다 · 유대감 · 시청 · 싸라기 · 가랑비 · 진눈깨비 · 수의사

낱말 뜻 알기

□ 안에는 어떤 낱말의 첫 글자가 쓰여 있습니다. 이 첫 글자를 참고하여 □에 알맞은 말을 넣어 낱말 풀이를 완성해 보세요.

❶ **빈털터리** : [재　]을 다 없애고 아무 것도 가진 것이 없는 [가　　　]가 된 사람.

❷ **타임머신** : 과거나 미래로 [시　] 여행을 가능하게 한다는 공상의 [기　].

❸ **싸라기** : 부스러진 [쌀　].

❹ **가랑비** : [가　　] 내리는 비. 이슬비보다는 조금 굵음.

❺ **수의사** : [가　]에 생기는 여러 가지 [질　]을 진찰하고 치료하는 의사.

낱말 친구 사총사

다음 밑줄 친 낱말 중 다른 셋과 거리가 <u>먼</u> 낱말을 말하는 친구를 고르세요.

❶ **가랑비**에 옷 젖는 줄 모르고 마냥 걸었어.

❷ 밤새 **함박눈**이 내리더니 무릎까지 쌓였어.

❸ 매서운 찬바람에 **진눈깨비**까지 정말 최악의 날씨였어.

❹ **싸라기눈**이 내리던 밤에 삼촌은 집을 나섰어.

연상되는 낱말 찾기

다음은 세 낱말을 보고 공통으로 연상되는 낱말을 찾는 문제입니다. 세 낱말과 관련 있는 낱말을 써 보세요.

말	소	수레	→	
빌다	부탁	간절하다	→	
비	눈	섞이다	→	

짧은 글짓기

주어진 낱말을 이용하여 보기 와 같은 형식으로 짧은 글을 지어 보세요.

> **보기**　누가 + 왜 + 무엇을 + 어떻게 할 것이다

빈털터리	
싸라기	
가랑비	

낱말 쌈 싸 먹기

알쏭달쏭 헛갈리는 맞춤법, 띄어쓰기, 관용어,
한자어가 이제 한입에 쏙!
하루에 한 쪽씩 맛있게 냠냠 해치우자!

맞춤법 다음 문장에서 ( ) 안의 낱말 중 맞춤법이 맞는 낱말에 ○표 하세요.

위에 입는 옷을 (윗옷, 웃옷)이라 부르고, 맨 겉에 입는 옷을 (윗옷, 웃옷)이라고 부른다.

띄어쓰기 주어진 두 문장 중 하나에는 띄어쓰기가 틀린 부분이 있습니다. 둘 중 바르게 띄어쓰기를 한 문장을 찾아서 ○표 하세요.

㉮ 제 친구는 **잘난체**하지 않습니다.

㉯ 제 친구는 **잘난 체**하지 않습니다.

도움말 '체' 는 의존명사입니다.

관용어 □ 안에 낱말을 넣어서 그림 속 상황과 어울리는 속담이나 격언 등을 만들어 보세요.

홀아비 사정은
□□가 안다

한자어 글의 의미에 맞게 □ 안에 들어갈 알맞은 사자성어를 **보기**에서 찾아 써 보세요.

할아버지는 어릴 적에 부모를 잃고, □□□□하여 다섯 남매를 키우셨다.

보기 ・자수성가(自手成家)   ・파죽지세(破竹之勢)   ・교각살우(矯角殺牛)

가로·세로 낱말 만들기

20

 주어진 글자를 연결하여 **19** 회에 공부한 낱말을 만들어 보세요.

		지					
		진			비		
					기		

진	라	달	지	기
비	구	깨	싸	눈

★ 도전 시간	**1분**
★ 만들 낱말 수	**3개**
★ 만든 낱말 수	개

그림으로 낱말 찾기

지시선이 가리키는 그림을 보고 사물의 이름이나 행동, 상태 등에 해당하는 낱말을 보기 에서 찾아 □ 안에 쓰세요.

❶ 이름씨

❷ 이름씨

❸ 이름씨

❹ 이름씨

❺ 이름씨

보기 ・여론 ・정당 ・헌법재판소 ・삼심제 ・삼권분립 ・납세 ・대권항로 ・교역 ・개방 ・기아

낱말 뜻 알기

□ 안에는 어떤 낱말의 첫 글자가 쓰여 있습니다. 이 첫 글자를 참고하여 □에 알 맞은 말을 넣어 낱말 풀이를 완성해 보세요.

❶ **여론** : 사회 [대 　] 의 공통된 [의 　] .

❷ **정당** : 주의나 주장이 같은 사람들이 [정 　] 을 잡고 정치적 [이 　] 을 실현하기 위하여 [조 　] 한 단체.

❸ **헌법재판소** : 법령의 [위 　] 여부를 일정한 소송 절차에 따라 [심 　] 하기 위하여 설치한 특별 재판소.

❹ **납세** : [세 　] 을 [납 　] 함.

❺ **개방** : [금 　] 하거나 [경 　] 하던 것을 풀고 자유롭게 드나들거나 [교 　] 하게 함.

낱말 친구 사총사

다음 밑줄 친 낱말 중 다른 셋과 거리가 먼 낱말을 말하는 친구를 고르세요.

① **다당제**는 다양한 소수 계층의 의견을 반영할 수 있어.

② **헌법재판소**는 헌법에 관한 분쟁을 해소하는 기관이야.

③ 한 사건에 대해 세 번 심판받는 제도가 **삼심제**야.

④ **판사**가 지금 판결문을 낭독하고 있어.

연상되는 낱말 찾기

다음은 세 낱말을 보고 공통으로 연상되는 낱말을 찾는 문제입니다. 세 낱말과 관련 있는 낱말을 써 보세요.

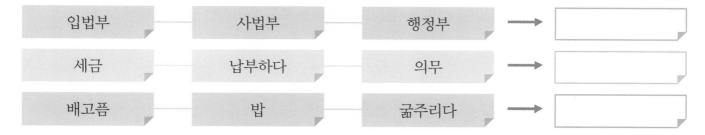

입법부	사법부	행정부	→	
세금	납부하다	의무	→	
배고픔	밥	굶주리다	→	

짧은 글짓기

주어진 낱말을 이용하여 보기 와 같은 형식으로 짧은 글을 지어 보세요.

보기   무엇이 + 왜 + 무엇을 + 어떻게 한다

여론	
삼심제	
교역	

낱말 쌈 싸 먹기

알쏭달쏭 헷갈리는 맞춤법, 띄어쓰기, 관용어,
한자어가 이제 한입에 쏙!
하루에 한 쪽씩 맛있게 냠냠 해치우자!

맞춤법 다음 문장에서 맞춤법이 틀린 낱말을 찾아 바르게 고쳐 써 보세요.

> 육계장 한 그릇을 비우니 속이 든든하구나.   (   ) → (   )

띄어쓰기 주어진 두 문장 중 하나에는 띄어쓰기가 틀린 부분이 있습니다. 둘 중 바르게 띄어쓰기를 한
문장을 찾아서 ○표 하세요.

㉮ 이 자기는 **푸르 죽죽**한 빛을 띠는군요.   ㉯ 이 자기는 **푸르죽죽**한 빛을 띠는군요.

도움말 '칙칙하고 고르지 않게 푸르스름하다.' 라는 뜻을 가진 한 낱말입니다.

관용어 □ 안에 낱말을 넣어서 그림 속 상황과 어울리는 속담이나 격언 등을 만들어 보세요.

> 잘 얘기해서
> 화해시켜야
> 할 텐데……,

흥정은 붙이고
□□ 은 말리랬다

한자어 글의 의미에 맞게 □ 안에 들어갈 알맞은 한자어를 **보기** 에서 찾아 써 보세요.

제 □□ 가 옆에서 도와준 덕분에 한자 □□ 시험에 거뜬히 합격했어요.

보기 · 資格   · 圖書   · 親舊   · 社會

가로·세로 낱말 만들기

21

 주어진 글자를 연결하여 **20** 회에 공부한 낱말을 만들어 보세요.

						교	
						제	
			세	분			

제	세	분	교	심
립	삼	역	권	납

★ 도전 시간 | **1분**

★ 만들 낱말 수 | **4개**

★ 만든 낱말 수 | **개**

그림으로 낱말 찾기

지시선이 가리키는 그림을 보고 사물의 이름이나 행동, 상태 등에 해당하는 낱말을 **보기** 에서 찾아 □ 안에 쓰세요.

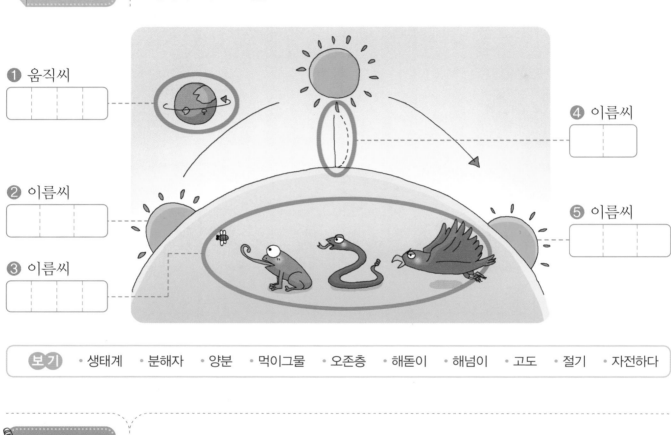

① 움직씨

② 이름씨

③ 이름씨

④ 이름씨

⑤ 이름씨

보기 · 생태계 · 분해자 · 양분 · 먹이그물 · 오존층 · 해돋이 · 해넘이 · 고도 · 절기 · 자전하다

낱말 뜻 알기

□ 안에는 어떤 낱말의 첫 글자가 쓰여 있습니다. 이 첫 글자를 참고하여 □에 알맞은 말을 넣어 낱말 풀이를 완성해 보세요.

① **생태계** : 어느 [환] [ ] 안에서 사는 생물군과 그 생물들을 제어하는 제반 요인을 포함한 [복] [ ] 체계.

② **먹이그물** : 생물군 [개] [ ] 들 사이에서 서로 먹고 먹히는 [관] [ ] 가 만들어지며, 이러한 먹이 [연] [ ] 가 얽혀서 그물처럼 나타남.

③ **오존층** : 오존을 많이 포함하고 있는 [대] [ ] 이며, 태양의 [자] [ ] 을 흡수함.

④ **고도** : 천체가 [지] [ ] 이나 [수] [ ] 과 이루는 각거리.

⑤ **절기** : [태] [ ] 이 1년 동안 지나는 길을 24등분 하여 [계] [ ] 을 세분한 것.

 **낱말 친구 사총사**

다음 밑줄 친 낱말의 뜻이 다른 셋과 같지 <u>않은</u> 것은 어느 것인지 번호를 고르세요.

 ❶ IT산업은 **고도**의 기술이 필요한 분야래.

 ❷ 특공대는 **고도**의 군사 훈련을 받았어.

 ❸ 태양의 **고도**에 따라 계절이 변화하지.

 ❹ 이집트에는 **고도**로 발달된 고대 문명이 있었어.

 **연상되는 낱말 찾기**

다음은 세 낱말을 보고 공통으로 연상되는 낱말을 찾는 문제입니다. 세 낱말과 관련 있는 낱말을 써 보세요.

영양	성분	저장하다	→	
태양	뜨다	일출	→	
태양	지다	일몰	→	

 **짧은 글짓기**

주어진 낱말을 이용하여 <보기> 와 같은 형식으로 짧은 글을 지어 보세요.

보기   왜 + 무엇을 + 어떻게 해야 한다

생태계	
분해자	
자전하다	

낱말 쌈 싸 먹기

알쏭달쏭 헛갈리는 맞춤법, 띄어쓰기, 관용어, 한자어가 이제 한입에 쏙!
하루에 한 쪽씩 맛있게 냠냠 해치우자!

맞춤법 다음 문장에서 ( ) 안의 낱말 중 맞춤법이 맞는 낱말에 ◯표 하세요.

> 올해 우리 학교 신입생 (입학율, 입학률)이 어떤가요?

띄어쓰기 주어진 두 문장 중 하나에는 띄어쓰기가 틀린 부분이 있습니다. 둘 중 바르게 띄어쓰기를 한 문장을 찾아서 ◯표 하세요.

㉮ **친구간**에도 서로 예의가 필요하지.

㉯ **친구 간**에도 서로 예의가 필요하지.

도움말 '간'은 의존명사입니다.

관용어 □ 안에 낱말을 넣어서 그림 속 상황과 어울리는 속담이나 격언 등을 만들어 보세요.

우리에게 협력하면 자자손손 부귀영화를 누릴 것이오.

하하, 내게 금은보화는 개똥밭의 똥보다 못한 것이라오.

□□ 보기를 돌같이 하라

한자어 글의 의미에 맞게 □ 안에 들어갈 알맞은 사자성어를 **보기** 에서 찾아 써 보세요.

작은 성공에 안주하지 말고 □□□□ 의 노력을 기울여 더 높은 목표를 이루자.

보기 • 등하불명(燈下不明) • 우유부단(優柔不斷) • 주마가편(走馬加鞭)

가로·세로 낱말 만들기

22

 주어진 글자를 연결하여 21 회에 공부한 낱말을 만들어 보세요.

						고		
						물		

기	이	절	고	그
물	도	해	먹	넘

★ 도전 시간 | **1분**

★ 만들 낱말 수 | **4개**

★ 만든 낱말 수 | 개

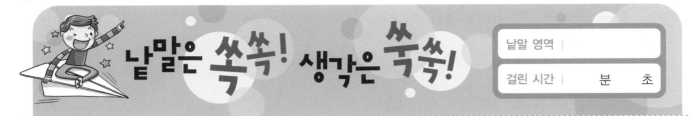

지시선이 가리키는 그림을 보고 사물의 이름이나 행동, 상태 등에 해당하는 낱말을 보기 에서 찾아 □ 안에 쓰세요.

① 이름씨

② 움직씨

③ 이름씨

④ 이름씨

⑤ 이름씨

보기 ・공공장소 ・조기 ・노벨상 ・경유하다 ・가로수 ・금수강산 ・독성 ・일회용품 ・염원하다 ・고국

낱말 뜻 알기

□ 안에는 어떤 낱말의 첫 글자가 쓰여 있습니다. 이 첫 글자를 참고하여 □에 알맞은 말을 넣어 낱말 풀이를 완성해 보세요.

① **조기** : 죽음을 애□ 하기 위하여 검은 헝□ 을 달거나 검은 선을 두른 기 또는 반□ .

② **노벨상** : 1896년에 스웨덴의 화학자 노벨의 유언에 따라 인□ 복지에 가장 구체적으로 공□ 한 사람이나 단체에 주는 상.

③ **가로수** : 거리의 미□ 과 국민 보□ 을 위하여 길을 따라 줄□□ 심은 나무.

④ **금수강산** : 비□ 에 수를 놓은 것처럼 아름다운 산□ . 우리나라를 비□ 적으로 이름.

⑤ **염원하다** : 마음에 간□ 히 생각하고 기□ 하다.

낱말 친구 사총사

다음 밑줄 친 낱말의 뜻이 다른 셋과 같지 <u>않은</u> 것은 어느 것인지 번호를 고르세요.

❶
목표를 **조기**에 달성하기 위해 노력할 거야.

❷
질병은 **조기**에 발견하는 것이 중요해.

❸
조기에 마무리 지을 수 있도록 최선을 다해야 해.

❹
조기에 걸린 햇빛이 젖은 눈을 더욱 아프게 해.

연상되는 낱말 찾기

다음은 세 낱말을 보고 공통으로 연상되는 낱말을 찾는 문제입니다. 세 낱말과 관련 있는 낱말을 써 보세요.

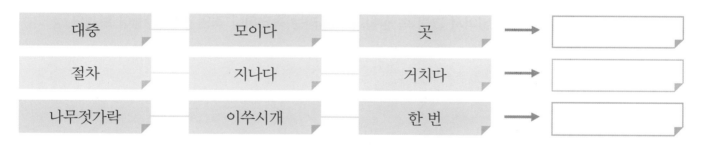

대중	모이다	곳	→	
절차	지나다	거치다	→	
나무젓가락	이쑤시개	한 번	→	

짧은 글짓기

주어진 낱말을 이용하여 **보기**와 같은 형식으로 짧은 글을 지어 보세요.

보기 누가 + 어디서 + 왜 + 어떻게 했다

노벨상	
독성	
고국	

낱말 쌈 싸 먹기

알쏭달쏭 헷갈리는 맞춤법, 띄어쓰기, 관용어,
한자어가 이제 한입에 쏙!
하루에 한 쪽씩 맛있게 냠냠 해치우자!

맞춤법 다음 문장에서 맞춤법이 틀린 낱말을 찾아 바르게 고쳐 써 보세요.

어제부터 이몸이 부어올라서 치과에 가 봐야겠어.　　(　　　　　) → (　　　　　)

띄어쓰기 주어진 두 문장 중 하나에는 띄어쓰기가 틀린 부분이 있습니다. 둘 중 바르게 띄어쓰기를 한 문장을 찾아서 ○표 하세요.

㉮ 학생들 **격려차** 선생님께서 오셨어요.　　　㉯ 학생들 **격려 차** 선생님께서 오셨어요.

도움말 '차' 는 뜻을 더하는 접미사입니다.

관용어 □ 안에 낱말을 넣어서 그림 속 상황과 어울리는 속담이나 격언 등을 만들어 보세요.

넌 날마다 무슨 책을 그렇게 열심히 읽니?

음, 책을 읽지 않은 날은 머리가 텅 빈 느낌이 싫기 때문이야.

하루라도 책을 읽지
않으면 입안에서
□□ 가 돋친다

한자어 글의 의미에 맞게 □ 안에 들어갈 알맞은 한자어를 **보기** 에서 찾아 써 보세요.

일제 □□ 으로부터 □□ 된 시민들이 태극기를 들고 거리로 뛰어나왔다.

보기 ・妥協　　・解放　　・友好　　・侵略

가로·세로 낱말 만들기

 주어진 글자를 연결하여 22 회에 공부한 낱말을 만들어 보세요.

		염					
		가		수	유		

원	수	경	금	로
산	유	가	염	강

★ 도전 시간 | **1분**

★ 만들 낱말 수 | **4개**

★ 만든 낱말 수 | **　개**

낱말은 쏙쏙! 생각은 쑥쑥!

낱말 영역 |

걸린 시간 | ___ 분 ___ 초

 **그림으로 낱말 찾기**

지시선이 가리키는 그림을 보고 사물의 이름이나 행동, 상태 등에 해당하는 낱말을 **보기**에서 찾아 ☐ 안에 쓰세요.

❶ 이름씨

❷ 이름씨

❸ 움직씨

❹ 움직씨

❺ 이름씨

보기 ・사육 ・예방접종 ・종란 ・부화하다 ・되새김질 ・가금류 ・사료 ・초지 ・방목하다

✏️ **낱말 뜻 알기**

☐ 안에는 어떤 낱말의 첫 글자가 쓰여 있습니다. 이 첫 글자를 참고하여 ☐에 알맞은 말을 넣어 낱말 풀이를 완성해 보세요.

❶ **사육** : 가☐이나 짐☐을 먹이어 기름.

❷ **예방접종** : 전☐을 예방하기 위하여, 백☐을 투여하여 면역력을 인공적으로 생기도록 하는 일.

❸ **부화하다** : 동물의 알 속에서 새☐가 껍☐을 깨고 밖으로 나오다.

❹ **되새김질** : 한 번 삼킨 먹☐를 다시 게워 내어 씹는 행☐.

❺ **사료** : 가☐에게 주는 먹☐☐☐.

다음 밑줄 친 낱말 중 다른 셋과 거리가 <u>먼</u> 낱말을 말하는 친구를 고르세요.

❶
병아리는 **종란**에서만 태어나는 거야.

❷
되새김질하는 동물은 위를 여러 개 가지고 있어.

❸
<u>**부화**</u>가 성공하기 위해서는 따뜻한 온도가 필요해.

❹
닭과 오리는 **가금류**에 속하는 동물이야.

다음은 세 낱말을 보고 공통으로 연상되는 낱말을 찾는 문제입니다. 세 낱말과 관련 있는 낱말을 써 보세요.

반추동물	게우다	씹다	→	
풀	목장	들	→	
가축	풀어놓다	기르다	→	

주어진 낱말을 이용하여 보기 와 같은 형식으로 짧은 글을 지어 보세요.

보기 누가(무엇이) + 언제 + 왜 + 어떻게 해야 한다

사육	
예방접종	
사료	

낱말 쌈 싸 먹기

알쏭달쏭 헷갈리는 맞춤법, 띄어쓰기, 관용어, 한자어가 이제 한입에 쏙!
하루에 한 쪽씩 맛있게 냠냠 해치우자!

맞춤법 다음 문장에서 ( ) 안의 낱말 중 맞춤법이 맞는 낱말에 ○표 하세요.

대문을 (잠구고, 잠그고) 어디 가세요?

띄어쓰기 주어진 두 문장 중 하나에는 띄어쓰기가 틀린 부분이 있습니다. 둘 중 바르게 띄어쓰기를 한 문장을 찾아서 ○표 하세요.

㉮ **맨 먼저** 노래할 어린이는 누구예요?

㉯ **맨먼저** 노래할 어린이는 누구예요?

도움말 '맨'은 뒷말을 꾸며 주는 관형사로 사용되었습니다.

관용어 □ 안에 낱말을 넣어서 그림 속 상황과 어울리는 속담이나 격언 등을 만들어 보세요.

오늘 안으로 만들 수 있겠어? 아무래도 힘들 것 같은데……

문제없어, 반드시 해내고 말겠어.

내 □□에 불가능이란 말은 없다

한자어 글의 의미에 맞게 □ 안에 들어갈 알맞은 사자성어를 보기 에서 찾아 써 보세요.

민수 아빠와 우리 아빠는 어릴 적 □□□□로 지금도 친하게 지낸다.

보기 · 죽마고우(竹馬故友)   · 수주대토(守株待兔)   · 오월동주(吳越同舟)

가로·세로 낱말 만들기

 주어진 글자를 연결하여 **23** 회에 공부한 낱말을 만들어 보세요.

				종			
				류			
	목	사					

란	금	료	목	류
사	방	종	가	육

★ 도전 시간 : **1분**

★ 만들 낱말 수 : **5개**

★ 만든 낱말 수 : **개**

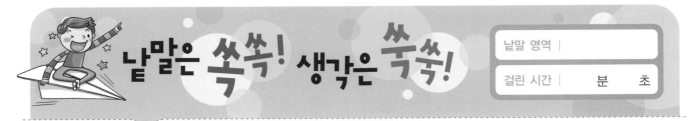

낱말은 쏙쏙! 생각은 쑥쑥!

낱말 영역 |

걸린 시간 |　　　분　　　초

그림으로 낱말 찾기

지시선이 가리키는 그림을 보고 사물의 이름이나 행동, 상태 등에 해당하는 낱말을 보기 에서 찾아 ☐ 안에 쓰세요.

❶ 이름씨

❷ 이름씨

❸ 이름씨

❹ 이름씨

❺ 이름씨

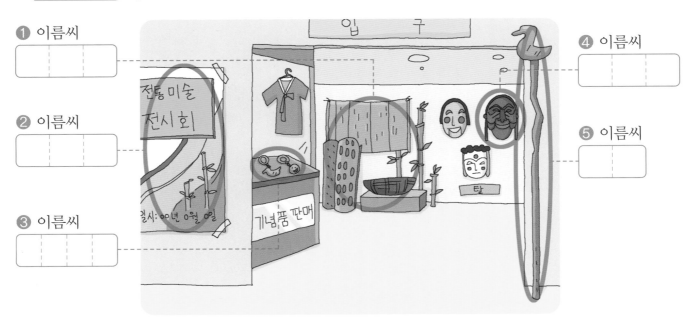

보기 · 공예품　· 장신구　· 하회탈　· 열쇠고리　· 어울림　· 솟대　· 단청　· 포스터　· 전시회　· 관람

낱말 뜻 알기

☐ 안에는 어떤 낱말의 첫 글자가 쓰여 있습니다. 이 첫 글자를 참고하여 ☐에 알맞은 말을 넣어 낱말 풀이를 완성해 보세요.

❶ **공예품** : 실☐ 적이면서 예☐ 적 가치가 있게 만든 물품.

❷ **장신구** : 반지, 귀고리, 목걸이 등 몸☐☐ 을 하는 데 쓰는 물☐.

❸ **단청** : 옛날식 집의 벽, 기둥, 천☐ 등에 여러 가지 빛깔로 무☐ 를 그림.

❹ **포스터** : 일정한 내용을 상☐ 적인 그림과 간☐ 한 글귀로 나타낸 미☐ 작품.

❺ **전시회** : 특정한 물☐ 을 벌여 차려 놓고 일반에게 참☐ 가 되게 하는 행사.

낱말 친구 사총사

다음 밑줄 친 낱말 중 다른 셋을 포함하는 <u>큰 말</u>에 해당하는 낱말을 고르세요.

❶ 민속 **공예품**은 언제 봐도 친근해.

❷  이 **문갑**은 오동나무로 만들어져 매우 단단해.

❸  **하회탈**은 우리나라를 대표하는 탈이야.

❹  대나무 **바구니** 안에 맛있는 떡이 있어.

연상되는 낱말 찾기

다음은 세 낱말을 보고 공통으로 연상되는 낱말을 찾는 문제입니다. 세 낱말과 관련 있는 낱말을 써 보세요.

안동	탈	미소	→	
열쇠	끼우다	소품	→	
조화	균형	맞다	→	

짧은 글짓기

주어진 낱말을 이용하여 **보기**와 같은 형식으로 짧은 글을 지어 보세요.

보기 누가 + 왜 + 무엇을 + 어떻게 했다

솟대	
단청	
포스터	

낱말 쌈 싸 먹기

알쏭달쏭 헛갈리는 맞춤법, 띄어쓰기, 관용어, 한자어가 이제 한입에 쏙!
하루에 한 쪽씩 맛있게 냠냠 해치우자!

맞춤법 다음 문장에서 맞춤법이 <u>틀린</u> 낱말을 찾아 바르게 고쳐 써 보세요.

전세집을 얻기가 무척 힘들군요. (   ) → (   )

띄어쓰기 주어진 두 문장 중 하나에는 띄어쓰기가 틀린 부분이 있습니다. 둘 중 바르게 띄어쓰기를 한 문장을 찾아서 ○표 하세요.

㉮ 회사를 **나가면서 까지도** 그는 당당했다.   ㉯ 회사를 **나가면서까지도** 그는 당당했다.

도움말 '까지'와 '도'는 조사입니다.

관용어 □ 안에 낱말을 넣어서 그림 속 상황과 어울리는 속담이나 격언 등을 만들어 보세요.

> 30년 동안 하신 공무원 생활을 마감하시는 소감이 어떠세요?

> 인생에 은퇴가 없잖아요, 국민을 위해 봉사할 거리를 찾겠습니다.

□□은 죽지 않는다.
다만 사라질 뿐이다

한자어 글의 의미에 맞게 □ 안에 들어갈 알맞은 한자어를 **보기**에서 찾아 써 보세요.

음악 □□ 시험에 현대 음악사를 □□ 한 분이 누구인지를 묻는 문제가 나왔다.

보기 • 整理   • 最終   • 實技   • 筆記

가로·세로 낱말 만들기

 주어진 글자를 연결하여 **24** 회에 공부한 낱말을 만들어 보세요.

		예	단				
			어				

예	림	청	울	솟
대	품	어	공	단

★ 도전 시간	**1분**
★ 만들 낱말 수	**4개**
★ 만든 낱말 수	개

그림으로 낱말 찾기

지시선이 가리키는 그림을 보고 사물의 이름이나 행동, 상태 등에 해당하는 낱말을 보기 에서 찾아 ☐ 안에 쓰세요.

❶ 움직씨

❷ 이름씨

❸ 이름씨

❹ 이름씨

❺ 움직씨

보기 · 대여료 · 사상의학 · 한약재 · 누출되다 · 난무하다 · 증인 · 사회봉 · 휴정 · 팬클럽 · 모름지기

낱말 뜻 알기

☐ 안에는 어떤 낱말의 첫 글자가 쓰여 있습니다. 이 첫 글자를 참고하여 ☐에 알맞은 말을 넣어 낱말 풀이를 완성해 보세요.

❶ **사상의학** : 사람의 체☐☐을 태양인, 태음인, 소양인, 소음인으로 나누어 각각의 체☐에 맞게 약을 써야 한다는 조선 고종 때 이제마의 이☐.

❷ **한약재** : 한☐을 지을 때 쓰는 약☐.

❸ **증인** : 어떤 사☐을 증☐하는 사람.

❹ **사회봉** : 의장이 회의 진행과 의☐을 거칠 때마다 탁☐를 두드리는 기구.

❺ **팬클럽** : 운☐☐☐나 연☐☐ 등을 열☐적으로 좋아하는 사람들의 모임.

 **낱말 친구 사총사**

다음 밑줄 친 낱말 중 다른 셋과 거리가 먼 낱말을 말하는 친구를 고르세요.

 ❶ <u>증인</u>은 앞으로 나와 증언을 해 주세요.

 ❷ 의장이 **사회봉**을 세 번 두드렸어.

 ❸ 잠시 10분간 **휴정**을 부탁드려요.

 ❹ **공연장**은 관람객들로 꽉 들어찼어.

 **연상되는 낱말 찾기**

다음은 세 낱말을 보고 공통으로 연상되는 낱말을 찾는 문제입니다. 세 낱말과 관련 있는 낱말을 써 보세요.

장소	빌리다	비용	→	
사람	증언	사건	→	
연예인	좋아하다	모임	→	

 **짧은 글짓기**

주어진 낱말을 이용하여 보기 와 같은 형식으로 짧은 글을 지어 보세요.

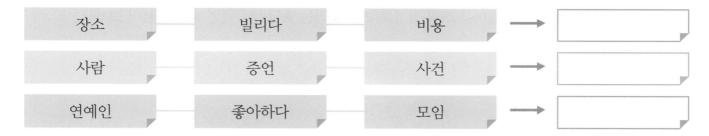

보기   왜 + 무엇을 + 어떻게 해야 한다

누출되다	
남무하다	
모름지기	

낱말 쌈 싸 먹기

알쏭달쏭 헷갈리는 맞춤법, 띄어쓰기, 관용어, 한자어가 이제 한입에 쏙!
하루에 한 쪽씩 맛있게 냠냠 해치우자!

맞춤법 다음 문장에서 ( ) 안의 낱말 중 맞춤법이 맞는 낱말에 ○표 하세요.

우리 강아지는 (점박이, 점백이)랍니다.

띄어쓰기 주어진 두 문장 중 하나에는 띄어쓰기가 틀린 부분이 있습니다. 둘 중 바르게 띄어쓰기를 한 문장을 찾아서 ○표 하세요.

㉮ **소곤 거리지** 말고 크게 말해 보렴.　　㉯ **소곤거리지** 말고 크게 말해 보렴.

도움말 '남이 알아듣지 못하도록 작은 목소리로 자꾸 가만가만 이야기하다.' 라는 뜻을 가진 한 낱말입니다.

관용어 □ 안에 낱말을 넣어서 그림 속 상황과 어울리는 속담이나 격언 등을 만들어 보세요.

운동하니 좋아요?

그럼, 몸이 건강하니 마음도 맑아지는 느낌이구려.

건강한 □□ 에 건강한 □□ 이 깃든다

한자어 글의 의미에 맞게 □ 안에 들어갈 알맞은 사자성어를 보기 에서 찾아 써 보세요.

다른 사람의 행실을 □□□□ (으)로 삼아 실수하지 않도록 해야 한다.

보기 · 표리부동(表裏不同)　　· 타산지석(他山之石)　　· 구우일모(九牛一毛)

가로·세로 낱말 만들기

 주어진 글자를 연결하여 25 회에 공부한 낱말을 만들어 보세요.

			휴	무			
		출					
		사					

출	무	상	정	사
의	휴	학	누	난

★ 도전 시간 | **1분**

★ 만들 낱말 수 | **4개**

★ 만든 낱말 수 | 개

그림으로 낱말 찾기

지시선이 가리키는 그림을 보고 사물의 이름이나 행동, 상태 등에 해당하는 낱말을 보기 에서 찾아 ☐ 안에 쓰세요.

❶ 이름씨

❷ 이름씨

❸ 이름씨

❹ 이름씨

❺ 움직씨

보기 · 행정부 · 국무회의 · 법원 · 판사 · 재판하다 · 인권 · 지구촌 · 인도주의 · 세계 유산

낱말 뜻 알기

☐ 안에는 어떤 낱말의 첫 글자가 쓰여 있습니다. 이 첫 글자를 참고하여 ☐에 알맞은 말을 넣어 낱말 풀이를 완성해 보세요.

❶ **국무회의** : 행 ☐☐ 의 최고 정책 심의 회의로서 의장은 대 ☐☐ 임.

❷ **인권** : 인 ☐ 으로서 당연히 가지는 기 ☐ 적 권리.

❸ **지구촌** : 지구 전 ☐ 를 한 마 ☐ 처럼 여겨 이르는 말.

❹ **인도주의** : 인간의 존 ☐☐ 을 최고의 가치로 여기고 인류의 안녕과 복 ☐ 를 꾀하는 것을 이상으로 하는 사상.

❺ **세계 유산** : 세계 유산 협약에 따라 유 ☐☐☐ 가 인류를 위해 보 ☐ 해야 할 가치가 있다고 인정한 유산.

낱말 친구 사총사

다음 밑줄 친 낱말 중 다른 셋과 거리가 <u>먼</u> 낱말을 말하는 친구를 고르세요.

❶ **법원** 앞에는 변호사 사무실이 밀집해 있어.

❷ 중요한 안건이 **국무회의**를 거친다고 해.

❸ **판사**는 공명정대한 판결을 해야 돼.

❹  피고인은 **재판**을 받기 위해 출석했어.

연상되는 낱말 찾기

다음은 세 낱말을 보고 공통으로 연상되는 낱말을 찾는 문제입니다. 세 낱말과 관련 있는 낱말을 써 보세요.

법원	판결	법조인	→	
인간	기본	권리	→	
유네스코	보호	유산	→	

짧은 글짓기

주어진 낱말을 이용하여 **보기** 와 같은 형식으로 짧은 글을 지어 보세요.

보기 　누가 + 언제 + 무엇을 + 어떻게 했다

재판하다	
지구촌	
인도주의	

낱말 쌈 싸 먹기

알쏭달쏭 헛갈리는 맞춤법, 띄어쓰기, 관용어, 한자어가 이제 한입에 쏙!
하루에 한 쪽씩 맛있게 냠냠 해치우자!

맞춤법 다음 문장에서 맞춤법이 틀린 낱말을 찾아 바르게 고쳐 써 보세요.

짭잘한 음식을 많이 먹으면 몸에 좋지 않아요.   (   ) → (   )

띄어쓰기 주어진 두 문장 중 하나에는 띄어쓰기가 틀린 부분이 있습니다. 둘 중 바르게 띄어쓰기를 한 문장을 찾아서 ○표 하세요.

㉮ 이 음식은 **날것**으로 먹으면 위험합니다.   ㉯ 이 음식은 **날 것**으로 먹으면 위험합니다.

도움말 '말리거나 익히거나 가공하지 않은 고기나 채소 따위'를 뜻하는 한 낱말입니다.

관용어 □ 안에 낱말을 넣어서 그림 속 상황과 어울리는 속담이나 격언 등을 만들어 보세요.

> 내일이면 이사 갈 건데 물은 뭐 하러 주세요?

> 갈 때 가더라도 물은 주고 가야지.

내일 지구의 종말이 오더라도 나는 오늘 한 그루의 □□□□를 심겠다

한자어 글의 의미에 맞게 □ 안에 들어갈 알맞은 한자어를 **보기** 에서 찾아 써 보세요.

많은 사람들이 모여 □□(을)를 할 때에는 □□(을)를 맞추는 것이 중요하다.

보기 · 呼吸   · 獨唱   · 合唱   · 食事

가로·세로 낱말 만들기

	원	인			의		
					지		

원	인	지	법	도
의	촌	권	주	구

★ 도전 시간	1분
★ 만들 낱말 수	**4개**
★ 만든 낱말 수	개

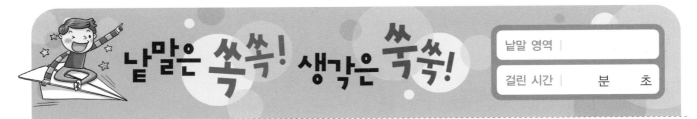

 **그림으로 낱말 찾기**

지시선이 가리키는 그림을 보고 사물의 이름이나 행동, 상태 등에 해당하는 낱말을 보기 에서 찾아 □ 안에 쓰세요.

❶ 이름씨

❷ 움직씨

❸ 이름씨

❹ 이름씨

❺ 이름씨

보기 ・연소하다 ・소화 ・발화점 ・방수복 ・안전모 ・소화기 ・도르래 ・지레 ・일화 ・엘리베이터

 **낱말 뜻 알기**

□ 안에는 어떤 낱말의 첫 글자가 쓰여 있습니다. 이 첫 글자를 참고하여 □에 알맞은 말을 넣어 낱말 풀이를 완성해 보세요.

❶ **연소하다** : 물질이 산□□와 화□할 때 많은 빛과 열을 내다.

❷ **발화점** : 공기나 산소 속에서 물질을 가열할 때 스스로 발화하여 연□를 시작하는 최저 온□. 발화 온□라고도 함.

❸ **안전모** : 작업장이나 경기장에서 머□의 부□을 막기 위하여 쓰는 모□.

❹ **도르래** : 바□에 홈을 파고 줄을 걸어서 돌려 물□을 움직이는 장치.

❺ **지레** : 무거운 물□을 움직이는 데에 쓰는 막□□.

낱말 친구 사총사

다음 밑줄 친 낱말의 뜻이 다른 셋과 같지 <u>않은</u> 것은 어느 것인지 번호를 고르세요.

① 아버지는 어렸을 적 재미있는 **일화** 한 토막을 말씀해 주셨어.

② 숨은 **일화**를 공개하자마자 게시판에 엄청난 댓글이 폭주했어.

③ 감동적인 **일화**에 눈물을 흘리지 않을 수 없었어.

④ **일화**가 가득 들어 있는 지갑을 주웠어.

연상되는 낱말 찾기

다음은 세 낱말을 보고 공통으로 연상되는 낱말을 찾는 문제입니다. 세 낱말과 관련 있는 낱말을 써 보세요.

화재	시점	온도	→	
바퀴	끌어올리다	장치	→	
무겁다	막대기	원리	→	

짧은 글짓기

주어진 낱말을 이용하여 **보기** 와 같은 형식으로 짧은 글을 지어 보세요.

보기   누가 + 왜 + 무엇을 + 어떻게 했다

연소하다	
일화	
엘리베이터	

낱말 쌈 싸 먹기

알쏭달쏭 헷갈리는 맞춤법, 띄어쓰기, 관용어, 한자어가 이제 한입에 쏙!
하루에 한 쪽씩 맛있게 냠냠 해치우자!

맞춤법 다음 문장에서 (   ) 안의 낱말 중 맞춤법이 맞는 낱말에 ○표 하세요.

> 오늘은 눈꺼풀도 무겁고 유난히 (졸립네요, 졸리네요).

띄어쓰기 주어진 두 문장 중 하나에는 띄어쓰기가 틀린 부분이 있습니다. 둘 중 바르게 띄어쓰기를 한 문장을 찾아서 ○표 하세요.

㉮ **육하원칙**에 맞게 기사문을 작성해 보세요.

㉯ **육하 원칙**에 맞게 기사문을 작성해 보세요.

도움말 '기사 따위의 문장을 쓸 때에 지켜야 하는 기본적인 원칙'을 뜻하는 한 낱말입니다.

관용어 □ 안에 낱말을 넣어서 그림 속 상황과 어울리는 속담이나 격언 등을 만들어 보세요.

재는 별로 공부하는 것 같지 않은데 항상 1등이야.

뭘 모르는 소리, 재는 하루도 빠짐없이 공부한다고.

천재는 1퍼센트의 영감과 99퍼센트의 □□으로 이루어진다

한자어 글의 의미에 맞게 □ 안에 들어갈 알맞은 사자성어를 보기 에서 찾아 써 보세요.

그는 어려운 처지에서도 □□□□의 자세로 열심히 공부하여 시험에 합격했다.

보기 · 한단지보(邯鄲之步)   · 이심전심(以心傳心)   · 형설지공(螢雪之功)

가로·세로 낱말 만들기

 주어진 글자를 연결하여 ㉗ 회에 공부한 낱말을 만들어 보세요.

			지				
			도				
			발				

레	발	래	화	지
점	소	도	연	르

★ 도전 시간	**1분**
★ 만들 낱말 수	**4개**
★ 만든 낱말 수	개

낱말은 쏙쏙! 생각은 쑥쑥!

낱말 영역 |

걸린 시간 | 분   초

그림으로 낱말 찾기

지시선이 가리키는 그림을 보고 사물의 이름이나 행동, 상태 등에 해당하는 낱말을 보기 에서 찾아 □ 안에 쓰세요.

❶ 이름씨

❷ 이름씨

❸ 이름씨

❹ 움직씨

❺ 이름씨

보기 · 분단 · 번영 · 휴전선 · 한반도 · 판문점 · 정상회담 · 귀순하다 · 징용 · 징병 · 구조대

낱말 뜻 알기

□ 안에는 어떤 낱말의 첫 글자가 쓰여 있습니다. 이 첫 글자를 참고하여 □에 알맞은 말을 넣어 낱말 풀이를 완성해 보세요.

❶ **분단** : 동[ ]이 나게 끊어 가름.

❷ **귀순하다** : 적이었던 사람이 반[ ]을 버리고 스스로 돌아서서 복[ ]하거나 순종하다.

❸ **징용** : 전쟁이나 난리 또는 그에 준하는 비상사태에, 국[ ]의 권력으로 국민을 강[ ]적으로 일정한 업무에 종[ ]시키는 일.

❹ **징병** : 국[ ]가 법령으로 강제적으로 징[ ]하여 일정 기간 병[ ]에 복무시키는 일.

❺ **구조대** : 일정한 장[ ]를 갖추고 위[ ]에 빠진 사람이나 물건을 구하는 무[ ].

낱말 친구 사총사

다음 밑줄 친 낱말 중 다른 셋을 포함하는 <u>큰</u> 말에 해당하는 낱말을 고르세요.

❶
휴전선은 가슴 아픈 남북 분단의 상징이야.

❷
한반도의 모양은 포효하는 호랑이야.

❸
판문점에서 남북 간 회담이 열린다고 했어.

❹
백두산은 우리 겨레를 대표하는 명산이야.

연상되는 낱말 찾기

다음은 세 낱말을 보고 공통으로 연상되는 낱말을 찾는 문제입니다. 세 낱말과 관련 있는 낱말을 써 보세요.

번성	영화	누리다	→	
남북	지도자	회담	→	
적	돌아서다	탈출	→	

짧은 글짓기

주어진 낱말을 이용하여 보기 와 같은 형식으로 짧은 글을 지어 보세요.

보기   누가 + 언제 + 무엇을(누구를) + 어떻게 했다

휴전선	
징용	
구조대	

낱말 쌈 싸 먹기

알쏭달쏭 헛갈리는 맞춤법, 띄어쓰기, 관용어, 한자어가 이제 한입에 쏙!
하루에 한 쪽씩 맛있게 냠냠 해치우자!

맞춤법 다음 문장에서 맞춤법이 <u>틀린</u> 낱말을 찾아 바르게 고쳐 써 보세요.

수박을 통채로 가져다 먹으면 어떡하니?　　　(　　　　) → (　　　　)

띄어쓰기 주어진 두 문장 중 하나에는 띄어쓰기가 틀린 부분이 있습니다. 둘 중 바르게 띄어쓰기를 한 문장을 찾아서 ○표 하세요.

㉮ **퇴근후**에 시장에 가서 과일을 사자.　　　　㉯ **퇴근 후**에 시장에 가서 과일을 사자.

도움말 '후'는 '뒤나 다음'을 뜻하는 명사입니다.

관용어 ☐ 안에 낱말을 넣어서 그림 속 상황과 어울리는 속담이나 격언 등을 만들어 보세요.

고흐의 삶은 길지 않았지.

하지만 고흐의 작품들은 오랜 세월 사랑을 받고 있어.

인생은 짧고
☐☐은 길다

한자어 글의 의미에 맞게 ☐ 안에 들어갈 알맞은 한자어를 보기 에서 찾아 써 보세요.

과학적인 문제 ☐☐(을)를 위해서는 끊임없는 ☐☐ 정신이 중요하지.

보기　• 解決　　• 探究　　• 處理　　• 奉仕

가로·세로 낱말 만들기

 주어진 글자를 연결하여 **28** 회에 공부한 낱말을 만들어 보세요.

			판				
			단				
			순	번			

점	순	단	영	문
번	판	징	귀	분

★ 도전 시간 | **1분**

★ 만들 낱말 수 | **4개**

★ 만든 낱말 수 | 개

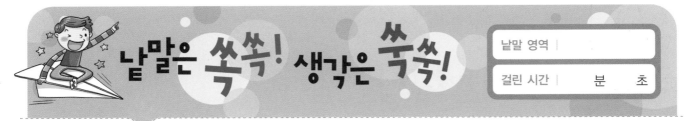

낱말 영역 |

걸린 시간 | 　　분　　초

지시선이 가리키는 그림을 보고 사물의 이름이나 행동, 상태 등에 해당하는 낱말을
보기 에서 찾아 □ 안에 쓰세요.

❶ 이름씨

❷ 이름씨

❸ 이름씨

❹ 이름씨

❺ 움직씨

보기　•검색하다　•슬라이드　•파일　•지적 재산권　•동영상　•유인물　•전자우편　•희석　•소각　•매립

낱말 뜻
알기

□ 안에는 어떤 낱말의 첫 글자가 쓰여 있습니다. 이 첫 글자를 참고하여 □에 알
맞은 말을 넣어 낱말 풀이를 완성해 보세요.

❶ **검색하다** : 책이나 인□□에서 목적에 따라 필요한 자□들을 찾아내다.

❷ **슬라이드** : 환□□에 넣어 영사(映射)할 수 있게 만든 필□.

❸ **유인물** : 등사기, 인쇄기, 프□□ 등을 이용하여 만든 인□□.

❹ **희석** : 용□에 물이나 다른 용매를 더하여 농□를 묽게 함.

❺ **매립** : 우□한 땅이나 하천, 바□ 등을 돌이나 흙 따위로 채움.

 **낱말 친구 사총사**

다음 밑줄 친 낱말 중 다른 셋과 거리가 <u>먼</u> 낱말을 말하는 친구를 고르세요.

❶
검색 창에 단어를 쳐서 확인해 볼래.

❷
파일 용량이 커서 저장하기가 힘들어.

❸
유인물을 보고 나서 버리지 말도록 해.

❹
생일 잔치 초대장을 **전자우편**으로 보냈어.

 **연상되는 낱말 찾기**

다음은 세 낱말을 보고 공통으로 연상되는 낱말을 찾는 문제입니다. 세 낱말과 관련 있는 낱말을 써 보세요.

인터넷	찾다	정보	→	
컴퓨터	움직이다	화상	→	
땅	메우다	쓰레기	→	

 **짧은 글짓기**

주어진 낱말을 이용하여 보기 와 같은 형식으로 짧은 글을 지어 보세요.

보기   언제 + 왜 + 어떻게 해야 한다

지적 재산권	
희석	
소각	

낱말 쌈 싸 먹기

알쏭달쏭 헷갈리는 맞춤법, 띄어쓰기, 관용어, 한자어가 이제 한입에 쏙!
하루에 한 쪽씩 맛있게 냠냠 해치우자!

맞춤법 다음 문장에서 ( ) 안의 낱말 중 맞춤법이 맞는 낱말에 ○표 하세요.

> 야구에는 (풋나기, 풋내기)지만 최선을 다할 것입니다.

띄어쓰기 주어진 두 문장 중 하나에는 띄어쓰기가 틀린 부분이 있습니다. 둘 중 바르게 띄어쓰기를 한 문장을 찾아서 ○표 하세요.

㉮ **내로라 하는** 사람들이 많이 모였어요.　　㉯ **내로라하는** 사람들이 많이 모였어요.

도움말 '어떤 분야를 대표할 만하다.' 라는 뜻을 가진 한 낱말입니다.

관용어 ☐ 안에 낱말을 넣어서 그림 속 상황과 어울리는 속담이나 격언 등을 만들어 보세요.

인내는 쓰나
그 ☐☐는 달다

한자어 글의 의미에 맞게 ☐ 안에 들어갈 알맞은 사자성어를 보기 에서 찾아 써 보세요.

넓은 호숫가에서 맑은 공기를 마시면서 ☐☐☐☐(을)를 길러 보자.

보기 · 초록동색(草綠同色)　　· 호연지기(浩然之氣)　　· 수구초심(首丘初心)

가로·세로 낱말 만들기

 주어진 글자를 연결하여 **29** 회에 공부한 낱말을 만들어 보세요.

				매			
				물			
				색			

립	검	매	유	석
인	희	부	색	물

★ 도전 시간 | **1분**

★ 만들 낱말 수 | **4개**

★ 만든 낱말 수 | **개**

 **낱말은 쏙쏙! 생각은 쑥쑥!**

낱말 영역 |

걸린 시간 | 분   초

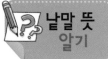 **그림으로 낱말 찾기**

지시선이 가리키는 그림을 보고 사물의 이름이나 행동, 상태 등에 해당하는 낱말을 보기 에서 찾아 ☐ 안에 쓰세요.

❶ 움직씨

❷ 그림씨

❸ 이름씨

❹ 이름씨

❺ 이름씨

보기   · 배드민턴 · 씨름 · 창작 · 풍물놀이 · 유연하다 · 순발력 · 임신하다 · 성폭력 · 건강보험 · 스트레스

낱말 뜻 알기

☐ 안에는 어떤 낱말의 첫 글자가 쓰여 있습니다. 이 첫 글자를 참고하여 ☐에 알맞은 말을 넣어 낱말 풀이를 완성해 보세요.

❶ **유연하다** : 딱딱하지 아니하고 부☐럽고 연☐다.

❷ **순발력** : 근☐이 순간적으로 빨리 수☐하면서 나는 힘. 멀리뛰기와 높이뛰기로 측☐함.

❸ **성폭력** : 성적인 강☐ 행위로 남에게 육체적 손☐ 및 정신적·심리적 압☐을 줌.

❹ **건강보험** : 질병, 상해, 사망, 해산 등의 경우에 의☐를 위해 든 비용이나 그로 인한 수입 감소를 보☐하는 보험.

❺ **스트레스** : 적응하기 어려운 환☐에 처할 때 느끼는 심리적·신체적 긴☐ 상태.

낱말 친구 사총사

다음 의 글에서 밑줄 친 말이 뜻하는 것을 올바르게 말하고 있는 친구는 누구인지 고르세요.

> **보기** 쌍둥이 동생들이 서로의 옷을 가지고 온종일 **입씨름을 벌이고** 있어.

❶ 말다툼을 한다는 뜻이야.

❷  같은 말을 되풀이한다는 뜻이야.

❸  입맞춤을 한다는 뜻이야.

❹  서서 씨름을 한다는 뜻이야.

연상되는 낱말 찾기

다음은 세 낱말을 보고 공통으로 연상되는 낱말을 찾는 문제입니다. 세 낱말과 관련 있는 낱말을 써 보세요.

네트	라켓	셔틀콕	➡	
모래	샅바	넘어뜨리다	➡	
아이	새끼	배다	➡	

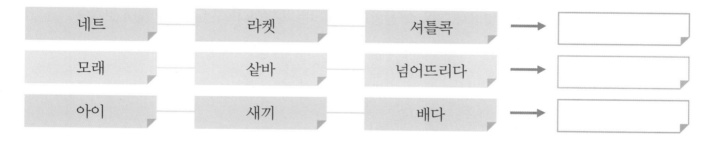

짧은 글짓기

주어진 낱말을 이용하여 와 같은 형식으로 짧은 글을 지어 보세요.

> **보기** 누가 + 왜 + 무엇을 + 어떻게 했다

풍물놀이	
유연하다	
순발력	

낱말 쌈 싸 먹기

알쏭달쏭 헛갈리는 맞춤법, 띄어쓰기, 관용어, 한자어가 이제 한입에 쏙!
하루에 한 쪽씩 맛있게 냠냠 해치우자!

맞춤법 다음 문장에서 맞춤법이 틀린 낱말을 찾아 바르게 고쳐 써 보세요.

하마트면 기차를 놓칠 뻔했다.　　　　　(　　　　　) → (　　　　　)

띄어쓰기 주어진 두 문장 중 하나에는 띄어쓰기가 틀린 부분이 있습니다. 둘 중 바르게 띄어쓰기를 한 문장을 찾아서 ○표 하세요.

㉮ 제 **새친구**를 소개할게요.　　　　　㉯ 제 **새 친구**를 소개할게요.

도움말 '새'는 관형사입니다.

관용어 □ 안에 낱말을 넣어서 그림 속 상황과 어울리는 속담이나 격언 등을 만들어 보세요.

소개팅 나가서 무식하다고 창피만 당하고 왔어.

그러게 밥만 집어넣지 말고 지식도 좀 집어넣어.

아는 것이 □ 이다

한자어 글의 의미에 맞게 □ 안에 들어갈 알맞은 한자어를 **보기** 에서 찾아 써 보세요.

지구 □□(을)를 보존하지 못하고 □□ 시키면 그 피해 또한 우리가 입습니다.

보기 · 汚染　　· 消費　　· 環境　　· 淨化

한글 맞춤법
알아보기

공습국어 어휘력의 낱말 쌈 싸먹기 꼭지에서는 맞춤법과 띄어쓰기, 그리고 관용어와 관련된 문제를 풀게 됩니다. 그런데 맞춤법이나 띄어쓰기의 경우 미리 약속한 규칙이 있어서 이를 잘 알지 못하면 문제를 풀기 쉽지 않습니다. 따라서 문제를 풀기 전에 맞춤법과 띄어쓰기에 관련하여 약속된 규칙을 꼼꼼히 살펴보는 것이 필요합니다.

한글 맞춤법 알아보기에서는 국립국어원의 한글 맞춤법과 표준어 규정 중에서 낱말 쌈 싸먹기의 맞춤법과 띄어쓰기에 나오는 낱말에 해당하는 규칙들을 살펴 볼 것입니다. 문법 용어나 설명하는 내용이 다소 어렵게 느껴지겠지만 문제를 풀기 위해서 꼭 알아두어야 할 규칙이므로 자주 읽어보면서 머릿속에 기억해 두기 바랍니다.

★ 맞춤법과 띄어쓰기와 관련된 용어 및 설명은 국립국어원 홈페이지(www.korean.go.kr)의 어문 규정을 따랐음을 밝힙니다. 아울러 지면상 본 교재에서 다루지 못한 부분이나 맞춤법과 띄어쓰기에 관련된 좀 더 자세한 정보는 국립국어원 홈페이지를 참고해 주시기 바랍니다.

한글 맞춤법의 기본 원칙

한글 맞춤법 총칙 1장 1항에 보면 '한글 맞춤법은 표준어를 소리대로 적되, 어법에 맞도록 함을 원칙으로 한다.'라고 되어 있습니다. 우리말은 표음문자, 즉 말소리를 그대로 기호로 나타낸 문자이기 때문에 소리대로 글자를 적지만 모든 낱말을 소리대로 적을 수는 없습니다. 왜냐하면 우리말에는 소리가 비슷한 낱말들이 많이 있고 같은 글자라도 어떤 글자와 결합하느냐에 따라 소리가 달라져서 소리대로 적을 경우 그 뜻을 분간하기 어렵기 때문입니다. 꽃을 예를 들어 설명해 볼까요?

• 꽃이 ➡ 꼬치	• 꽃나무 ➡ 꼰나무	• 꽃밭 ➡ 꼳빧

위와 같이 소리대로 적으면 '꽃'이라고 하는 원래 모양이 사라져 버리고 글자 모양도 매번 달라져서 뜻을 파악하기가 매우 불편해 집니다. 그래서 소리대로 적긴 하지만 원래 모양을 밝혀 적어야 함을 원칙으로 세운 것입니다.

그럼 맞춤법에 맞게 글을 쓰기 위해 알아 두어야 할 몇 가지 규칙을 살펴볼까요?

● 된소리가 나지만 된소리로 적지 않는 경우

된소리는 'ㄲ, ㄸ, ㅃ, ㅆ, ㅉ'으로 발음되는 소리입니다. 다음은 된소리가 나지만 된소리로 적지 않는 경우입니다.

• 국수(O), 국쑤(X)	• 깍두기(O), 깍뚜기(X)	• 갑자기(O), 갑짜기(X)
• 법석(O), 법썩(X)	• 뚝배기(O), 뚝빼기(X)	• 납작하다(O), 납짝하다(X)
• 떡볶이(O), 떡뽁끼(X)	• 몹시(O), 몹씨(X)	• 거꾸로(O), 꺼꾸로(X)
• 고깔(O), 꼬깔(X)	• 눈곱(O), 눈꼽(X)	• 돌부리(O), 돌뿌리(X)

● 예사소리가 아니라 된소리나 거센 소리로 적어야 하는 경우

된소리나 거센 소리로 적어야 하는 낱말 중 예사소리로 적는 것으로 잘못 알고 있는 경우가 있습니다. 다음은 된소리로 적어야 하는 낱말입니다.

• 나무꾼(O), 나뭇군(X)	• 날짜(O), 날자(X)	• 살코기(O), 살고기(X)
• 눈썹(O), 눈섶(X)	• 머리카락(O), 머리가락(X)	• 수탉(O), 수닭(X)
• 팔꿈치(O), 팔굼치(X)		

● ㅈ, ㅊ'으로 소리가 나도 'ㄷ, ㅌ'으로 적는 경우

'ㄷ, ㅌ' 받침이 있는 글자 다음에 '이'나 '히'가 와서 'ㅈ, ㅊ'으로 소리가 나더라도 'ㄷ, ㅌ'으로 적습니다.

• 해돋이(○), 해도지(×)	• 끝이(○), 끄치(×)	• 닫히다(○), 다치다(×)

● 한자어의 첫소리가 'ㄴ, ㄹ'일 때 'ㅇ'으로 적는 경우

한자음 '녀, 뇨, 뉴, 니'가 낱말의 첫머리에 올 적에는, '여, 요, 유, 이'로 적습니다. 또한 한자음 '랴, 려, 례, 료, 류, 리'가 낱말의 첫머리에 올 때에도, '야, 여, 예, 요, 유, 이'로 적습니다.

• 여자(○), 녀자(×)	• 연세(○), 년세(×)	• 요소(○), 뇨소(×)
• 양심(○), 량심(×)	• 역사(○), 력사(×)	• 예의(○), 례의(×)

● 한자어의 첫소리가 'ㄹ'일 때 'ㄴ'으로 적는 경우

한자음 '라, 래, 로, 뢰, 루, 르'가 단어의 첫머리에 올 적에는, '나, 내, 노, 뇌, 누, 느'로 적습니다.

• 낙원(○), 락원(×)	• 내일(○), 래일(×)	• 노동(○), 로동(×)

● 받침소리가 원래 글자와 다른 경우

우리말 받침소리는 'ㄱ, ㄴ, ㄷ, ㄹ, ㅁ, ㅂ, ㅇ'의 7개 자음만 발음하지만 받침에는 쌍자음을 비롯하여 모든 자음을 쓸 수 있습니다. 따라서 소리 나는 대로 받침을 적을 경우 틀릴 수 있으니 주의해야 합니다.

• 곶감(○), 곧깜(×)	• 갓길(○), 갇낄(×)	• 곳간(○), 곧깐(×)
• 깎다(○), 깍따(×)	• 꺾다(○), 꺽따(×)	• 닦다(○), 닥따(×)
• 굶다(○), 굼따(×)	• 넓다(○), 널따(×)	• 무릎(○), 무릅(×)
• 옛날(○), 옌날(×)	• 풀잎(○), 풀입(×)	• 넋두리(○), 넉두리(×)
• 여덟(○), 여덜(×)	• 이튿날(○), 이튼날(×)	• 싫증(○), 실쯩(×)
• 부엌(○), 부억(×)		

● **발음이 비슷하여 잘못 쓰기 쉬운 경우 1**

모음 'ㅔ'와 'ㅐ', 그리고 'ㅖ'는 소리를 구별하기 어려워 잘못 쓰기 쉽습니다.

- 가게(O), 가개(×)
- 핑계(O), 핑게(×)
- 게양(O), 계양(×)
- 어깨(O), 어께(×)
- 돌멩이(O), 돌맹이(×)
- 메밀국수(O), 매밀국수(×)
- 메뚜기(O), 매뚜기(×)
- 절레절레(O), 절래절래(×)
- 휴게실(O), 휴계실(×)
- 지게(O), 지개(×)
- 수수께끼(O), 수수깨끼(×)
- 찌개(O), 찌게(×)
- 게시판(O), 계시판(×)
- 베개(O), 배개(×)
- 지우개(O), 지우게(×)
- 술래잡기(O), 술레잡기(×)

● **발음이 비슷하여 잘못 쓰기 쉬운 경우 2**

모음 'ㅣ'와 'ㅢ'는 소리를 구별하기 어려워 잘못 쓰기 쉽습니다.

- 무늬(O), 무니(×)

● **한 낱말 안에서 같은 음절이나 비슷한 음절이 겹쳐 나는 경우**

한글 맞춤법에서는 낱말 안에서 같은 음절이나 비슷한 음절이 겹쳐 나면 같은 글자로 적습니다. 예를 들어 '딱따구리'는 'ㄸ' 음이 한 낱말에서 겹쳐나기 때문에 '딱다구리'라고 쓰지 않습니다.

- 짭짤하다(O), 짭잘하다(×)
- 똑딱똑딱(O), 똑닥똑닥(×)
- 씁쓸하다(O), 씁슬하다(×)
- 꼿꼿하다(O), 꼿곳하다(×)
- 씩씩하다(O), 씩식하다(×)
- 밋밋하다(O), 민밋하다(×)

● **'-장이'로 쓰는 경우와 '-쟁이'로 쓰는 경우**

기술자를 뜻할 때는 '-장이'로, 그 외에는 '-쟁이'로 써야 합니다.

- 멋쟁이(O), 멋장이(×)
- 미장이(O), 미쟁이(×)
- 개구쟁이(O), 개구장이(×)
- 대장장이(O), 대장쟁이(×)
- 난쟁이(O), 난장이(×)
- 겁쟁이(O), 겁장이(×)

● 의성어와 의태어에서 모음조화 현상을 따르지 않는 경우

모음을 구분할 때 'ㅏ, ㅗ' 따위를 양성 모음이라고 하고, 'ㅓ, ㅜ' 따위를 음성 모음이라고 합니다. 모음조화란 양성 모음은 양성 모음끼리, 음성 모음은 음성 모음끼리 어울리는 현상을 말합니다. '얼룩덜룩', '알록달록'과 같이 소리나 모양을 흉내 낸 의성어와 의태어의 경우는 모음조화의 원칙에 따라 낱말을 적습니다. 하지만 모음조화 현상을 따르지 않는 예외도 있습니다. 이 예외적인 경우 이외에는 모음조화 현상에 따라 의성어와 의태어를 써야 합니다.

> • 오순도순(○), 오손도손(×)   • 깡충깡충(○), 깡총깡총(×)   • 소꿉장난(○), 소꼽장난(×)

● 발음에 변화가 일어나 새롭게 정한 표준어

원래는 둘 다 표준어였지만 자음이나 모음의 발음에 변화가 일어나 하나만 둘 중 하나만 표준어가 된 경우가 있습니다. 표준어와 비표준어를 혼동하지 않도록 주의 합니다.

• 강낭콩(○), 강남콩(×)	• 며칠(○), 몇일(×)	• 맞추다(○), 마추다(×)
• 부딪치다(○), 부딪히다(×)	• 상추(○), 상치(×)	• 설거지(○), 설겆이(×)
• 빈털터리(○), 빈털털이(×)	• 삐치다(○), 삐지다(×)	• 삼수갑산(○), 산수갑산(×)
• 숟가락(○), 숫가락(×)	• 사글세(○), 삯월세(×)	• 수퇘지(○), 숫돼지(×)
• 짜깁기(○), 짜집기(×)	• 자장면(○), 짜장면(×)	• 우레(○), 우뢰(×)
• 무(○), 무우(×)	• 김치 소(○), 김치 속(×)	• 멀리뛰기(○), 넓이뛰기(×)
• 내로라하다(○), 내노라하다(×)	• 뒤꼍(○), 뒤켠(×)	• 밭다리(○), 밧다리(×)
• 서슴지(○), 서슴치(×)	• 넉넉지(○), 넉넉치(×)	• 수평아리(○), 숫평아리(×)
• 셋째(○), 세째(×)	• 수탉(○), 숫닭(×)	• 암캐(○), 암개(×)
• 없음(○), 없슴(×)	• 엊그저께(○), 엇그저께(×)	• 어쨌든(○), 여쨋든(×)
• 할게(○), 할께(×)	• 해님(○), 햇님(×)	• 예쁘다(○), 이쁘다(×)
• 구절(○), 귀절(×)	• 끼어들다(○), 끼여들다(×)	• 할인(○), 활인(×)
• 미숫가루(○), 미싯가루(×)	• 트림(○), 트름(×)	• 장구(○), 장고(×)
• 홀아비(○), 홀애비(×)	• 쌍둥이(○), 쌍동이(×)	

● **뜻을 구별하여 사용해야 하는 낱말**

우리말에는 뜻은 다른데 글자나 발음이 비슷한 낱말이나 둘 이상의 낱말이 비슷한 뜻을 가져서 어떤 낱말을 사용해야 할지 애매한 경우가 많이 있습니다.

- 걸음 : '걷다'의 명사형 / 거름 : 땅을 기름지게 하는 물질
- 바라다 : 그렇게 되었으면 하고 생각하다. / 바래다 : 색이 바래다. 또는 배웅하다.
- 얼음 : 물이 굳은 것 / 어름 : 구역과 구역의 경계점
- 웃옷 : 겉에 입는 옷 / 윗옷 : 위에 입는 옷
- 장사 : 물건을 파는 일 / 장수 : 장사하는 사람
- 짖다 : 소리를 내다. / 짓다 : 무엇을 만들다.
- 가리키다 : 방향이나 대상을 알리다. / 가르치다 : 지식이나 기능을 알게 하다.
- 다르다 : 서로 같지 않다. / 틀리다 : 그르거나 어긋나다.
- 반듯이 : 굽지 않고 바르다. / 반드시 : 틀림없이, 꼭
- 부치다 : 편지나 물건 등을 보내다. / 붙이다 : 떨어지지 않게 하다.
- 잊어버리다 : 생각이 나지 않다. / 잃어버리다 : 물건이 없어져 갖고 있지 않다.
- 늘리다 : 커지거나 많게 되다. / 늘이다 : 원래보다 더 길게 하다.
- 돋구다 : 안경의 도수 따위를 높이다. / 돋우다 : 위로 올려 도드라지거나 높아지게 하다.
- 댕기다 : 불이 옮아 붙다. / 당기다 : 마음이나 몸이 끌리다.
- 다리다 : 다리미로 옷을 문지르다. / 달이다 : 액체 따위를 끓여서 진하게 만들다.
- 비치다 : 빛을 받아 모양이 나타나 보이다. / 비추다 : 빛을 다른 대상이 받게 하다.
- 빌다 : 간청하거나 호소하다. / 빌리다 : 남의 물건이나 돈을 얼마 동안 쓰다.
- 살지다 : 살이 많고 튼실하다. / 살찌다 : 몸에 살이 필요 이상으로 많아지다.
- 벌이다 : 일 따위를 시작하거나 펼쳐 놓다. / 벌리다 : 둘 사이를 넓히거나 멀게 하다.

띄어쓰기의 기본 원칙

한글 맞춤법 1장 2항에 의하면 '문장의 각 단어는 띄어 씀을 원칙으로 한다.'고 되어 있습니다. 그렇다고 모든 낱말을 띄어서 쓰는 것은 아닙니다. '나는 학생입니다.'라는 문장을 보면 '나'와 '는'은 각각 다른 낱말이지만 붙여 쓴걸 알 수 있습니다. 두 낱말은 붙여 쓴 것은 '는'이 독자적인 의미를 갖고 있지 않기 때문입니다.

이처럼 낱말을 붙여 쓸 때도 있기 때문에 띄어쓰기는 항상 헷갈리지만 몇 가지 규칙을 기억해 두면 띄어쓰기에 대해 자신감을 가질 수 있을 것입니다.

● 조사는 그 앞말에 붙여 쓴다

낱말은 명사(이름씨), 동사(움직씨), 형용사(그림씨), 부사(어찌씨), 조사 등과 같이 품사에 따라 구분할 수 있는데, 조사는 독자적인 의미가 없이 명사 뒤에 붙어 명사를 주어, 목적어, 서술어 등으로 만드는 기능적 역할을 담당합니다.

~까지	학교**까지**
~같이	사자**같이**
~더러	누구**더러**
~처럼	처음**처럼**
~한테	삼촌**한테**
~마저	엄마**마저**

~치고	양반**치고**
~(이)든지	누구**든지**
~조차	너**조차**
~보다	양**보다**
~(은)커녕	짐승은**커녕**
~(이)나마	조금이**나마**

~밖에	너**밖에**
~대로	이**대로**
~에설랑	바다에**설랑**
~마따나	말**마따나**
~마다	사람**마다**
~라야만	너**라야만**

● 의존 명사는 앞말과 띄어 쓴다

의존 명사는 다른 명사에 기대어 쓰는 형식적인 낱말로 조사와 비슷하지만 명사의 성격을 갖고 있기 때문에 조사와는 달리 앞말에 붙여 쓰지 않고 띄어 씁니다. 띄어쓰기를 틀리는 대부분의 경우를 보면 어떤 낱말을 접했을 때 이것이 의존명사인지 아닌지 헷갈려하기 때문입니다. 따라서 의존명사를 확실히 알아두는 것이 띄어쓰기를 잘하는 지름길입니다.

단위나 수량을 나타내는 의존명사					
개	한 **개**, 두 **개**	분	한 **분**, 어떤 **분**	자루	연필 한 **자루**
줄	한 **줄**, 두 **줄**	마리	닭 한 **마리**	다발	꽃 한 **다발**
그루	나무 한 **그루**	켤레	신발 한 **켤레**	방	홈런 한 **방**
근	돼지고기 한 **근**	채	집 한 **채**	포기	풀 한 **포기**

단위나 수량을 나타내는 의존명사

모금	물 한 **모금**	주먹	한 **주먹**	톨	밤 한 **톨**
가지	한 **가지**, 몇 **가지**	척	배 한 **척**	벌	옷 한 **벌**
살	아홉 **살**, 열 **살**	대	차 한 **대**	장	종이 한 **장**

꾸며주는 말 뒤에서 쓰이는 의존명사

지	떠난 **지**	쪽	어느 **쪽**	차	가려던 **차**
만큼	노력한 **만큼**	양	바보인 **양**	터	내일 갈 **터**
채	모르는 **채**	수	이럴 **수**가	만	좋아할 **만**도
척	아는 **척**	데	사는 **데**	자	맞설 **자**가
바	뜻한 **바**	이	아는 **이**	것	어느 **것**
대로	느낀 **대로**	쪽	가까운 **쪽**	분	착한 **분**
탓	게으른 **탓**	듯	자는 **듯**	체	잘난 **체**
줄	그럴 **줄**	딴	제 **딴**에는	나위	더할 **나위**
따름	웃을 **따름**	뿐	보낼 **뿐**	둥	하는 **둥**
때문	너 **때문**	뻔	다칠 **뻔**	따위	너 **따위**
리	그럴 **리**가	나름	하기 **나름**		

두 말을 이어주거나 열거하는 의존명사

등	국어, 수학, 영어 **등**	대	청군 **대** 백군	내지	열 **내지** 스물
겸	차장 **겸** 팀장	및	선생님 **및** 학부모님	등지	광주, 대구 **등지**

호칭이나 관직과 관련된 의존명사

군	홍길동 **군**	박사	아인슈타인 **박사**	씨	이몽룡**씨**

기타 의존명사

편	기차 **편**	통	난리 **통**

● 접사는 낱말의 앞이나 뒤에 붙여 쓴다

접사는 홀로 쓰이지 않고 다른 낱말의 앞에 붙어서 새로운 뜻을 가진 낱말을 만드는 역할을 합니다. 낱말의 앞에 붙을 때는 접두사라고 하고, 뒤에 붙을 때는 접미사라고 합니다. 접사 중에는 관형사나 의존명사와 비슷한 글자가 많아 띄어쓰기를 틀리는 경우가 많으므로 잘 기억해 두세요.

맏	맏며느리	맨	맨발	풋	풋고추
한	한가운데	웃	웃어른	늦	늦더위
날	날고기	덧	덧버선	햇	햇과일
민	민소매	개	개꿈	돌	돌미역
맞	맞대결	설	설익다	강	강타자
홑	홑이불	새	새까맣다	선	선무당
헛	헛수고	알	알거지	맞	맞절
핫	핫바지	처	처먹다	짝	짝사랑
막	막노동	엿	엿듣다	질	걸레질
내	겨우내	꾼	구경꾼	둥이	귀염둥이
뱅이	가난뱅이	광	농구광	치	중간치

● 둘 이상의 낱말이 결합하여 붙여 쓰는 합성명사

명사와 명사가 결합하여 새로운 뜻을 가진 하나의 낱말이 되는 경우 두 낱말을 띄어 쓰지 않고 붙여 씁니다.

겉+모양	겉모양	길+바닥	길바닥	단풍+잎	단풍잎
그림+일기	그림일기	가을+밤	가을밤	말+없이	말없이
기와+집	기와집	꽃+가루	꽃가루	돌+잔치	돌잔치
몸+무게	몸무게	돼지+고기	돼지고기	말+버릇	말버릇
불+장난	불장난	고기잡이+배	고기잡이배	단발+머리	단발머리
막내+딸	막내딸	아침+밥	아침밥	웃음+바다	웃음바다
새끼+손가락	새끼손가락	단골+손님	단골손님	봄+빛	봄빛
밥+상	밥상	호박+엿	호박엿	송이+버섯	송이버섯
비+바람	비바람	바늘+구멍	바늘구멍	밥+그릇	밥그릇
묵+사발	묵사발	조각+구름	조각구름	물+장수	물장수

● 둘 이상의 동사가 결합하여 붙여 쓰는 복합동사

동사와 동사가 결합하여 새로운 뜻을 가진 하나의 낱말이 되는 경우 두 낱말을 띄어 쓰지 않고 붙여 씁니다.

가지다+가다	가져가다	걷다+가다	걸어가다	쫓기다+나다	쫓겨나다
구르다+가다	굴러가다	뛰다+다니다	뛰어다니다	올리다+놓다	올려놓다
찾다+보다	찾아보다	고맙다+하다	고마워하다	바라다+보다	바라보다
내리다+오다	내려오다	즐겁다+하다	즐거워하다	잡다+먹다	잡아먹다
따르다+가다	따라가다	기다+가다	기어가다	솟다+나다	솟아나다
하다+나다	해내다	무섭다+하다	무서워하다	달리다+가다	달려가다
벗다+나다	벗어나다	잡다+당기다	잡아당기다	그립다+하다	그리워하다
데리다+가다	데려가다	내리다+놓다	내려놓다	모이다+들다	모여들다
얻다+먹다	얻어먹다	뛰다+가다	뛰어가다	깨다+나다	깨어나다
잡다+가다	잡아가다	물리다+나다	물러나다	쫓다+가다	쫓아가다
튀다+나오다	뛰어나오다	돌다+가다	돌아가다	뛰다+나가다	뛰쳐나가다
스미다+들다	스며들다	거들뜨다+보다	거들떠보다		

공습국어 초등어휘

정답과 해설

5·6학년 심화Ⅲ

주니어김영사

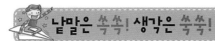

낱말은 쏙쏙! 생각은 쑥쑥!

★ 그림으로 낱말 찾기 ★
❶ 우애 ❷ 사자 ❸ 고질병 ❹ 음해하다 ❺ 난중일기

★ 낱말 뜻 알기 ★
❶ 예상, 재난 ❷ 형제, 사랑 ❸ 임진왜란, 이순신 ❹ 치료
❺ 직업, 종이

★ 낱말 친구 사총사 ★
❷

해설 '사글세', '월세', '전세'는 남의 물건이나 건물 등을 빌려 쓰는 값으로 내는 돈을 뜻합니다. 하지만 '텃세'는 먼저 자리를 잡은 사람이 뒤에 들어오는 사람에 대하여 가지는 특권 의식을 의미합니다.

★ 연상되는 낱말 찾기 ★
사자, 텃세, 음해하다

★ 짧은 글짓기 ★
• 예 어른들은 주변 사람이 죽었을 때 북망산에 갔다는 표현을 자주 쓴다.
• 예 나는 나약해질 때마다 충무공의 난중일기를 읽으며 마음을 굳건히 한다.
• 예 대부분의 사람들은 처음 인사를 나눌 때 명함을 주고받는다.

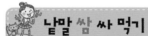

낱말 쌈 싸 먹기

★ 맞춤법 ★
새침데기

해설 우리말 '새침'은 '새치미'의 준말로 '쌀쌀하게 시치미를 떼는 태도'를 뜻하는 말입니다. '데기'는 명사 뒤에 붙어 '그와 관련된 일을 하거나 그런 성질을 가진 사람'이라는 뜻을 나타냅니다.

★ 띄어쓰기 ★
㉯

해설 '여러'는 관형사로 뒤에 나온 명사 '가지'와 띄어 씁니다.

★ 관용어 ★
홍두깨

해설 그림은 공부하다가 뜬금없이 세계 여행을 하고 싶다는 말을 하는 상황입니다. 이 상황에 어울리는 관용어에는 '아닌 밤중에 홍두깨'가 있습니다. 이 말은 별안간 엉뚱한 말이나 행동을 함을 비유적으로 표현할 때 사용합니다.

★ 한자어 ★
역지사지(易地思之)

해설 • 격세지감(隔世之感) : 오래지 않은 동안에 몰라보게 변하여 아주 다른 세상이 된 것 같은 느낌.
• 역지사지(易地思之) : 처지를 바꾸어서 생각해 봄.
• 천편일률(千篇一律) : 여럿이 개별적 특성이 없이 모두 엇비슷한 현상을 비유적으로 이르는 말.

낱말은 쏙쏙! 생각은 쑥쑥!

★ 그림으로 낱말 찾기 ★
❶ 동학 ❷ 조약 ❸ 외세 ❹ 독립하다

★ 낱말 뜻 알기 ★
❶ 체계, 완성 ❷ 농사, 사람 ❸ 수탈, 침입, 종교
❹ 근대적, 개혁 ❺ 예속, 의존

★ 낱말 친구 사총사 ★
❸

해설 ❶, ❷, ❹의 '개화'는 사람의 지혜가 열려 새로운 사상, 문물, 제도 등을 가지게 된다는 '開化'입니다. 하지만 ❸의 '개화'는 풀이나 나무의 꽃이 핀다는 '開花'입니다.

★ 연상되는 낱말 찾기 ★
실학, 관혼상제, 동학

★ 짧은 글짓기 ★
• 예 최근 몇몇 학자들은 우리나라의 근대 시기를 1910년대로 삼기도 한다.
• 예 오늘날 대부분의 국가들은 국제 조약을 통해 분쟁을 해결한다.
• 예 광복절에는 많은 사람들이 우리나라가 독립한 역사를 기념한다.

낱말 쌈 싸 먹기

★ 맞춤법 ★
설농탕 → 설렁탕

해설 '소의 머리, 내장, 뼈다귀, 발, 도가니 따위를 푹 삶아서 만든 국. 또는 그 국에 밥을 말 음식'은 '설렁탕'입니다.

★ 띄어쓰기 ★
㉯

해설 의존명사인 '등'은 앞의 명사와 띄어 씁니다.

★ 관용어 ★
절

해설 그림은 시험 잘 본 것에 대해 칭찬받고 싶어서 아빠에게 말하는데 아빠는 마지못해 축하한다고 말하는 상황입니다. 이 상황에 어울리는 관용어에는 '엎드려 절 받기'가 있습니다. 이 말은 상대편은 마음에 없는데 자기 스스로 요구하여 대접을 받는 경우를 비유적으로 이를 때 사용합니다.

★ 한자어 ★
音樂(음악), 專攻(전공)

03회 | 24~26쪽

낱말은 쏙쏙! 생각은 쑥쑥!

★ 그림으로 낱말 찾기 ★
❶ 암술 ❷ 꽃받침 ❸ 씨방 ❹ 수술 ❺ 떡잎

★ 낱말 뜻 알기 ★
❶ 바람, 광물 ❷ 화산, 마그마 ❸ 온도, 압력, 구조 ❹ 등뼈
❺ 포자, 번식

★ 낱말 친구 사총사 ★
❶

해설 노란 싹의 식물은 생장이 어렵습니다. 따라서 '떡잎이 노랗다'는 싹이 자라날 가능성이 없거나 어떤 일이 잘될 가능성이 없다는 것을 뜻합니다. 속담에도 '될성부른 나무는 떡잎부터 알아본다'라는 비슷한 표현이 있습니다.

★ 연상되는 낱말 찾기 ★
퇴적암, 화성암, 꽃받침

★ 짧은 글짓기 ★
• 예 사자는 등뼈가 있기 때문에 척추동물에 속한다.
• 예 고사리는 꽃을 피우지 않기 때문에 민꽃식물에 속한다.
• 예 나비는 수술의 꽃가루를 암술에 옮겨 주기에 사랑의 전령이라고 불린다.

낱말 쌈 싸 먹기

★ 맞춤법 ★
숫양

해설 수컷을 뜻하는 접두사는 '수'이지만 양, 염소, 쥐는 '숫양', '숫염소', '숫쥐'와 같이 '숫'으로 씁니다.

★ 띄어쓰기 ★
ⓑ

해설 단위를 나타내는 의존명사인 '포기'는 그 앞에 나오는 수관형사와 띄어 씁니다.

★ 관용어 ★
열, 한

해설 그림은 도둑을 잡기 위해 여러 장치를 설치하고 24시간 감시해도 잡지 못한 상황입니다. 이 상황에 어울리는 관용어에는 '열 사람이 지켜도 한 도적을 못 막는다'가 있습니다. 이 말은 여럿이 지키고 살펴도 어떤 사람이 나쁜 짓을 하려 들면 막을 수 없다는 뜻을 가지고 있습니다.

★ 한자어 ★
연목구어(緣木求魚)

해설 • 심사숙고(深思熟考) : 깊이 잘 생각함.
• 신출귀몰(神出鬼沒) : 귀신같이 나타났다가 사라진다는 뜻으로, 그 움직임을 쉽게 알 수 없을 만큼 자유자재로 나타나고 사라짐을 비유적으로 이르는 말.
• 연목구어(緣木求魚) : 나무에 올라가서 물고기를 구한다는 뜻으로, 도저히 불가능한 일을 굳이 하려 함을 비유적으로 이르는 말.

04회 | 28~30쪽

낱말은 쏙쏙! 생각은 쑥쑥!

★ 그림으로 낱말 찾기 ★
❶ 이율 ❷ 들이 ❸ 백분율 ❹ 득표율 ❺ 원뿔

★ 낱말 뜻 알기 ★
❶ 공간, 차지 ❷ 그릇, 최댓값 ❸ 분자, 분수 ❹ 합동, 입체
❺ 곡면, 입체

★ 낱말 친구 사총사 ★
❹

해설 가분수는 수학에서 분자가 분모와 같거나 분모보다 큰 분수를 말합니다. 이를 활용해 아랫부분보다 윗부분이 더 큰 상태를 가분수에 비유하기도 합니다. 특히 사람에게는 몸집에 비하여 머리가 큰 사람을 놀림조로 이를 때 쓰입니다.

★ 연상되는 낱말 찾기 ★
부피, 백분율, 이율

★ 짧은 글짓기 ★
• 예 아침에 동생과 나는 식사 대용으로 1리터 들이 우유를 나눠 마셨다.
• 예 이번 선거에서 1번 후보는 좋은 공약 덕분에 최고 득표

율을 기록하였다.
- **예** 어제 나는 좋아하는 배우를 보기 위해 높은 시청률을 기록하고 있는 드라마를 보았다.

낱말 쌈 싸 먹기

★ **맞춤법** ★

쏩슬한 → 씁쓸한

해설 한 단어 안에서 같은 음절이나 비슷한 음절이 겹쳐나는 부분은 같은 글자로 적습니다. '쓱싹쓱싹', '싹싹하다', '짭짤하다' 등도 마찬가지입니다.

★ **띄어쓰기** ★

㉯

해설 '한'이 접두사로 쓰일 경우에는 뒤의 어근과 붙여 씁니다.

★ **관용어** ★

곶감

해설 그림은 참고서 살 돈으로 평소에 갖고 싶었던 것을 사 버린 상황입니다. 이 상황에 어울리는 관용어에는 '우선 먹기는 곶감이 달다'가 있습니다. 이 말은 앞일은 생각해 보지도 아니하고 당장 좋은 것만 취하는 경우를 비유적으로 표현할 때 사용합니다.

★ **한자어** ★

優秀(우수), 展示(전시)

05회 | 32~34쪽

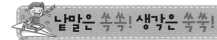
낱말은 쏙쏙! 생각은 쑥쑥!

★ **그림으로 낱말 찾기** ★

❶ 응급실 ❷ 압박붕대 ❸ 거들다 ❹ 생활비 ❺ 외동딸
❻ 손수레

★ **낱말 뜻 알기** ★

❶ 법원, 판단 ❷ 재판장, 효력 ❸ 함께 ❹ 처치, 시설
❺ 우수, 학업, 보조

★ **낱말 친구 사총사** ★

❹

해설 '생활비', '장학금', '인건비'는 모두 돈과 관련된 낱말입니다. 하지만 '대외비'는 '외부에 대해서 지키도록 한 비밀'이라는 뜻의 낱말입니다.

★ **연상되는 낱말 찾기** ★

응급실, 손수레, 외동딸

★ **짧은 글짓기** ★

- **예** 만약에 화재가 발생한다면 무질서하게 움직이지 말고 차례를 지켜 대피해야 한다.
- **예** 만약에 억울한 일을 당하면 소송을 제기해서 사건을 재판해야 한다.
- **예** 만약에 관절을 다치면 압박붕대를 감아서 관절을 움직이지 않게 해야 한다.

낱말 쌈 싸 먹기

★ **맞춤법** ★

시월

해설 한자어는 본음으로도, 속음으로도 발음하고 적는 경우가 있습니다. 속음이란 본음과 달리 일반 사회에서 널리 쓰는 음을 뜻합니다. '육월(六月)'을 '유월'로, '오육월'을 '오뉴월'로 읽는 것이 대표적입니다. 이 경우 받침이 없는 것이 발음하기 쉽기 때문입니다.

★ **띄어쓰기** ★

㉯

해설 '낯'과 '설다'의 합성어이므로 붙여 씁니다.

★ **관용어** ★

겨자

해설 그림은 지렁이를 만지기 싫은데 낚시 때문에 억지로 만져야 하는 상황을 묘사하고 있습니다. 이 상황에 어울리는 관용어에는 '울며 겨자 먹기'가 있습니다. 이 말은 맵다고 울면서도 겨자를 먹는다는 뜻으로, 싫은 일을 억지로 마지못하여 함을 비유적으로 이르는 말입니다.

★ **한자어** ★

오비이락(烏飛梨落)

해설
- 오비이락(烏飛梨落) : 까마귀 날자 배 떨어진다는 뜻으로, 아무 관계도 없이 한 일이 공교롭게도 때가 같아 억울하게 의심을 받거나 난처한 위치에 서게 됨을 이르는 말.
- 우유부단(優柔不斷) : 어물어물 망설이기만 하고 결단성이 없음.
- 일편단심(一片丹心) : 한 조각의 붉은 마음이라는 뜻으로, 진심에서 우러나오는 변치 아니하는 마음을 이르는 말.

06회 | 36~38쪽

낱말은 쏙쏙! 생각은 쑥쑥!

★ 그림으로 낱말 찾기 ★
① 가죽 ② 의복 ③ 감전되다 ④ 재봉틀 ⑤ 시접

★ 낱말 뜻 알기 ★
① 바느질, 기계 ② 기계, 작용 ③ 신체, 충격 ④ 보완, 좋게
⑤ 물건

★ 낱말 친구 사총사 ★
②

> 해설 ①, ③, ④의 '수선'은 '낡거나 헌 물건을 고침'의 뜻을 가진 '修繕'이며, ②의 '수선'은 사람의 정신을 어지럽게 만드는 부산한 말이나 행동이라는 뜻입니다.

★ 연상되는 낱말 찾기 ★
의복, 작동하다, 가죽

★ 짧은 글짓기 ★
• 예 아빠는 상점에 갈 때마다 찾던 가정용 공구가 없어서 불평을 한다.
• 예 연구원들은 항상 기존 제품을 개량하기 위해 신기술을 연구한다.
• 예 형은 요즘 산업체에 실습을 나가기 때문에 일찍 잠자리에 든다.

낱말 쌈 싸 먹기

★ 맞춤법 ★
아구찜 → 아귀찜

> 해설 아귀를 콩나물, 미나리, 미더덕 따위의 재료와 함께 갖은 양념을 하고 고춧가루와 녹말풀을 넣어 걸쭉하게 찐 음식은 '아귀찜'입니다.

★ 띄어쓰기 ★
㉮

> 해설 앞의 수관형사 '두'와 뒤의 의존명사 '번째'는 띄어 씁니다.

★ 관용어 ★
침

> 해설 그림은 소를 닭으로 바꿔 온 온달을 보고 화는 나지만 웃는 낯을 보니 차마 어쩌지 못하는 상황입니다. 이 상황에 어울리는 관용어에는 '웃는 낯에 침 못 뱉는다'가 있습니다. 이 말은 좋게 대하는 사람에게 나쁘게 대할 수는 없다는 뜻을 담고 있습니다.

★ 한자어 ★
占領(점령), 被害(피해)

07회 | 40~42쪽

낱말은 쏙쏙! 생각은 쑥쑥!

★ 그림으로 낱말 찾기 ★
① 실랑이하다 ② 흥정하다 ③ 염라대왕 ④ 저승사자
⑤ 계약서

★ 낱말 뜻 알기 ★
① 처음, 토박이말 ② 외국, 국어 ③ 물건, 가격
④ 성립, 증명, 작성 ⑤ 염라대왕, 심부름꾼

★ 낱말 친구 사총사 ★
③

> 해설 '종갓집'은 가문에서 맏이로만 이어온 큰집이며, 그 집의 첫째 며느리가 '종갓집 맏며느리'입니다. 예로부터 종갓집은 엄격한 규율로 모든 집안일을 책임지는 막중한 역할을 해 왔습니다. 따라서 종갓집 맏며느리는 그러한 역할을 담당할 만큼 성품이 바르고 덕이 많아야 했습니다.

★ 연상되는 낱말 찾기 ★
경솔, 실랑이하다, 염라대왕

★ 짧은 글짓기 ★
• 예 젊은 세대는 대한민국의 미래이기 때문에 고유어를 알아야 한다.
• 예 우리는 국어 시험을 대비하기 위해 외래어와 외국어의 차이를 분명히 알아야 한다.
• 예 공인 중개사는 공정한 거래를 위해서 계약서를 반드시 작성해야 한다.

낱말 쌈 싸 먹기

★ 맞춤법 ★
아무튼

> 해설 '의견이나 일의 성질, 형편, 상태 따위가 어떻게 되어 있든'이라는 뜻의 부사는 '아무튼'입니다.

★ 띄어쓰기 ★
㉯

> 해설 '산신령'은 한 낱말이므로 붙여 씁니다.

★ 관용어 ★
봉창

> 해설 그림은 운동회에 관한 의견을 묻고 있는데 뜬금없이 엉뚱한 말을 하는 상황입니다. 이 상황에 어울리는 관용어에는 '자다가 봉창을 두드린다'가 있습니다. 이 말은 전혀 관계없는 얼토당토아니한 소리를 할 때 사용합니다.

★ 한자어 ★

온고지신(溫故知新)

해설 • 온고지신(溫故知新) : 옛것을 익히고 그것을 토대로 새것을 앎.
• 여리박빙(如履薄氷) : 살얼음을 밟는 것과 같다는 뜻으로, 아슬아슬하고 위험한 일을 비유적으로 이르는 말.
• 문일지십(聞一知十) : 하나를 듣고 열 가지를 미루어 안다는 뜻으로, 지극히 총명함을 이르는 말.

08회 | 44~46쪽

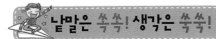

★ 그림으로 낱말 찾기 ★
❶ 민화 ❷ 이양선 ❸ 엄금하다 ❹ 암행어사 ❺ 서학

★ 낱말 뜻 알기 ★
❶ 소박, 익살 ❷ 임금, 비리, 노고 ❸ 혁명, 정치
❹ 재정, 채무 ❺ 선거, 표시

★ 낱말 친구 사총사 ★
❹

해설 ❶, ❷, ❸의 '의사'는 의술로써 환자의 병을 치료하는 사람인 '醫師'입니다. 하지만 ❹의 '의사'는 의로운 뜻을 세워 행동하는 사람인 '義士'입니다.

★ 연상되는 낱말 찾기 ★

서학, 정변, 투표

★ 짧은 글짓기 ★

• 예 백성들은 해학과 익살을 표출하기 위해 민화를 그렸다.
• 예 임금은 민생을 살피기 위해 암행어사를 파견하였다.
• 예 조선은 근대적 교통 수단을 도입하기 위해 전차를 개통하였다.

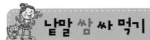

★ 맞춤법 ★

안밖 → 안팎

해설 두 말이 어울릴 적에 'ㅂ' 소리나 'ㅎ' 소리가 덧나는 것은 소리대로 적는다는 규정에 따라 '안팎'으로 적습니다.

★ 띄어쓰기 ★

㉮

해설 우리말과 외국어가 한데 어울려 한 낱말이 된 것은 붙여 씁니다.

★ 관용어 ★

무식

해설 그림은 퀴즈의 정답을 잘 모르면서 아는 체를 하다 틀려서 핀잔을 듣고 있는 상황입니다. 이 상황에 어울리는 관용어에는 '잠자코 있는 것이 무식을 면한다'가 있습니다. 이 말은 잘 알지도 못하면서 괜히 섣불리 나서지 말라는 뜻을 담고 있습니다.

★ 한자어 ★

祖上(조상), 省墓(성묘)

09회 | 48~50쪽

★ 그림으로 낱말 찾기 ★
❶ 용접하다 ❷ 산소 ❸ 기중기 ❹ 전자석 ❺ 부상하다

★ 낱말 뜻 알기 ★
❶ 간격, 유영 ❷ 공기, 원소 ❸ 섬유, 색소, 약제
❹ 자기, 일시 ❺ 물건, 이동

★ 낱말 친구 사총사 ★
❹

해설 '산소'는 사람의 호흡과 동식물의 생존에 없어서는 안 되는 기체 원소입니다. 따라서 '산소 같은 존재'는 그러한 산소처럼 세상에서 없어서는 안 되는 훌륭한 사람이라는 뜻입니다.

★ 연상되는 낱말 찾기 ★

용접하다, 기중기, 전동기

★ 짧은 글짓기 ★

• 예 빨래를 깨끗하게 하기 위해 세제와 더불어 표백제를 넣었다.
• 예 풍선을 하늘 높이 날리기 위해서 수소를 주입하였다.
• 예 자기로 부상하는 열차를 만들기 위해서 전자석을 설치하였다.

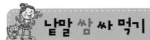

★ 맞춤법 ★

왠지

해설 '왜'는 '무슨 까닭으로' 또는 '어째서', '무슨 이유로' 등의 뜻이 있습니다. 그래서 '왠지'는 '왜인지'가 줄어 '왜인지는 모르겠지만' 또는 '무슨 까닭인지 모르겠지만'이라는 뜻입니다. '웬'은 '어찌 된', '어떠한'의 의미로 '웬일', '웬 떡' 등으로 쓸 수 있습니다.

★ 띄어쓰기 ★

㉯

해설 '판'이 다른 명사와 결합하여 합성어를 만들 때는 붙여 씁니다.

★ 관용어 ★

악수

해설 그림은 오래 고민한 끝에 답을 바꿨는데 오답이 되고 만 상황입니다. 이 상황에 어울리는 관용어에는 '장고 끝에 악수'가 있습니다. 이 말은 오랫동안 고민하고 결정한 일이 결과적으로 좋지 않게 끝난 경우에 사용합니다.

★ 한자어 ★

용두사미(龍頭蛇尾)

해설 • 금수강산(錦繡江山) : 비단에 수를 놓은 것처럼 아름다운 산천이라는 뜻으로, 우리나라의 산천을 비유적으로 이르는 말.
• 침소봉대(針小棒大) : 작은 일을 크게 불리어 떠벌림.
• 용두사미(龍頭蛇尾) : 용의 머리와 뱀의 꼬리라는 뜻으로, 처음은 왕성하나 끝이 부진한 현상을 이르는 말.

10회 | 52~54쪽

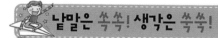

★ 그림으로 낱말 찾기 ★

❶ 준법 ❷ 인터뷰하다 ❸ 범죄 ❹ 처벌하다 ❺ 검사

★ 낱말 뜻 알기 ★

❶ 공평 ❷ 문제, 해결 ❸ 죄목, 형벌 ❹ 의지, 규율
❺ 행사, 수사, 제기

★ 낱말 친구 사총사 ★

❶

해설 ❷, ❸, ❹의 '검사'는 일의 상태 또는 물질의 성분 따위를 조사하여 옳고 그름과 낫고 못함을 판단하는 '檢査'입니다. 하지만 ❶의 '검사'는 범죄를 수사하고 공소를 제기하는 사법관인 '檢事'입니다.

★ 연상되는 낱말 찾기 ★

자율, 준법, 범죄

★ 짧은 글짓기 ★

• 예 검사는 현대 법치 사회에서 범죄를 처벌하는 데 큰 역할을 한다.
• 예 우등생은 항상 타율이 아닌 자율적인 자세로 공부를 한다.
• 예 법무부 관리들을 올해부터 강력범을 보다 엄격하게 처벌한다.

 낱말 쌈 싸 먹기

★ 맞춤법 ★

언덕빼기 → 언덕배기

해설 '언덕의 꼭대기나 가파르게 언덕진 곳'을 이르는 말로는 '언덕배기'가 맞습니다.

★ 띄어쓰기 ★

㉯

해설 '어떤 기간의 끝이나 끝 무렵'을 나타내는 '말'은 의존 명사이므로 앞말과 띄어 씁니다.

★ 관용어 ★

쪽박

해설 그림은 장난감을 많이 가지고 있는 아이가 장난감이 얼마 없는 아이의 장난감을 빼앗는 상황입니다. 이 상황에 어울리는 관용어에는 '적선은 못할망정 쪽박은 깨지 마라'가 있습니다. 이 말은 남에게 도움을 주지는 못하더라도 악행은 하지 말라는 뜻입니다.

★ 한자어 ★

晝夜(주야), 工夫(공부)

11회 | 56~58쪽

낱말은 쏙쏙! 생각은 쑥쑥!

★ 그림으로 낱말 찾기 ★

❶ 벌목하다 ❷ 목재 ❸ 나이테 ❹ 판잣집 ❺ 마름질하다

★ 낱말 뜻 알기 ★

❶ 판자, 허술 ❷ 전기, 광택 ❸ 나무, 목재 ❹ 나무
❺ 줄기, 가지, 단면

★ 낱말 친구 사총사 ★

❸

해설 '철광석', '구리', '알루미늄'은 모두 금속의 일종입니다. 따라서 '금속'이 다른 셋을 포함하는 큰 말입니다.

★ 연상되는 낱말 찾기 ★

금속, 다용도, 마름질하다

★ 짧은 글짓기 ★

• 예 산림청은 이번 달부터 무허가로 벌목하는 사람을 집중적으로 단속한다.
• 예 나무는 해마다 나이테를 성장의 기록으로 남긴다.

- 예 목수는 나무를 다룰 때마다 멋진 목제품을 만들어 낸다.

★ 맞춤법 ★
양칫물

해설 뒷말의 첫소리 'ㄴ', 'ㅁ' 앞에서 'ㄴ' 소리가 덧날 경우에는 사이시옷이 들어갑니다. 이런 단어는 '제삿날', '훗날', '뒷마루', '곗날' 등이 있습니다.

★ 띄어쓰기 ★
㉮

해설 한 단어가 반복되며 결합한 첩어나 준첩어는 한 덩어리의 말로 보고 붙여 씁니다. '가깝디가깝다', '머나먼', '차례차례', '여기저기', '하루하루' 등이 있습니다.

★ 관용어 ★
고생

해설 그림은 더운 날씨에 일은 힘들지만 돈도 벌고 체력도 기를 수 있어서 괜찮다고 말하는 상황입니다. 이 상황에 어울리는 관용어에는 '젊어서 고생은 사서도 한다'가 있습니다. 이 말은 젊어서 어려운 일을 하며 난관을 극복하는 단련이 매우 귀중한 경험임을 강조할 때 사용합니다.

★ 한자어 ★
우공이산(愚公移山)

해설
- 우왕좌왕(右往左往) : 이리저리 왔다 갔다 하며 일이나 나아가는 방향을 종잡지 못함.
- 우공이산(愚公移山) : 우공이 산을 옮긴다는 말로, 남이 보기엔 어리석은 일처럼 보이지만 한 가지 일을 끝까지 밀고 나가면 언젠가는 목적을 이룰 수 있음.
- 우유부단(優柔不斷) : 어물어물 망설이기만 하고 결단성이 없음.

12회 | 60~62쪽

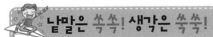

★ 그림으로 낱말 찾기 ★
❶ 무동 ❷ 가부좌하다 ❸ 권주가 ❹ 추수하다 ❺ 성충

★ 낱말 뜻 알기 ★
❶ 생식, 곤충 ❷ 기세 ❸ 사정, 비밀, 몰래
❹ 특별, 임시, 신문 ❺ 세월, 심심풀이

★ 낱말 친구 사총사 ★
❹

해설 ❶, ❷, ❸의 '교화'는 가르치고 이끌어서 좋은 방향으로 나아가게 한다는 '敎化'입니다. 하지만 ❹의 '교화'는 학교를 상징하는 꽃이라는 '校花'입니다.

★ 연상되는 낱말 찾기 ★
무동, 추수하다, 권주가

★ 짧은 글짓기 ★
- 예 적군은 매일 밤마다 우리 군영을 정탐하기 위해 첩자를 보낸다.
- 예 스님은 참선을 할 때 정신을 집중하기 위해 가부좌한다.
- 예 할머니께서는 오후가 되면 소일거리를 찾기 위해 경로당에 들르신다.

★ 맞춤법 ★
어디던지 → 어디든지

해설 '-든'은 선택을, '-던'은 자신의 경험과 관계가 있는 과거를 나타냅니다.

★ 띄어쓰기 ★
㉯

해설 '대로'가 의존명사로 사용되었으므로 앞말과 띄어 씁니다.

★ 관용어 ★
짚신

해설 그림은 장가를 갈 수 없을 것 같은 바보 온달이 장가를 가게 된 상황입니다. 이 상황에 어울리는 관용어에는 '짚신도 제짝이 있다'가 있습니다. 이 말은 아무리 보잘것없는 사람이라도 제짝이 있다는 뜻을 가지고 있습니다.

★ 한자어 ★
準備(준비), 職場(직장)

13회 | 64~66쪽

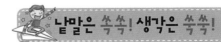

★ 그림으로 낱말 찾기 ★
❶ 맹세하다 ❷ 국회의원 ❸ 언론 ❹ 국정감사 ❺ 시민단체

★ 낱말 뜻 알기 ★
❶ 외적, 백성, 군대 ❷ 단체, 나라 ❸ 일제, 독립, 군대
❹ 국제, 통치 ❺ 매체, 사실, 여론

★ 낱말 친구 사총사 ★

④

해설 '의병', '공군', '광복군'은 모두가 군인, 군대와 관련된 낱말이지만, '합병'은 둘 이상의 나라가 하나로 합친다는 것을 뜻합니다.

★ 연상되는 낱말 찾기 ★

합병하다, 맹세하다, 국회의원

★ 짧은 글짓기 ★

• 예 의병들은 임진왜란 때 전국 방방곡곡에서 왜군과 맞서 싸웠다.
• 예 광복군은 일제 강점기였던 1940년에 중국에서 활동을 시작했다.
• 예 시민들은 오늘 낮 시청 앞 광장에서 민주화 운동 희생자들을 추모했다.

 낱말 쌈 싸 먹기

★ 맞춤법 ★

어떡해

해설 '어떻게 해'를 줄여서 쓴 말은 '어떡해'입니다.

★ 띄어쓰기 ★

㉯

해설 여기서 '들'은 접미사가 아닌, 앞에서 나열한 명사를 가리키는 의존명사이므로 앞말과 띄어 씁니다.

★ 관용어 ★

친구, 강남

해설 그림은 친구가 스키장을 간다고 하자 아무 생각 없이 자기도 가겠다고 말하는 상황입니다. 이 상황에 어울리는 관용어에는 '친구 따라 강남 간다'가 있습니다. 이 말은 뚜렷한 자기 주관도 없이 친구가 간다니까 멀고 낯선 곳임에도 덩달아 아무 데나 따라 나서는 경우에 사용합니다.

★ 한자어 ★

유비무환(有備無患)

해설 • 금수강산(錦繡江山) : 비단에 수를 놓은 것처럼 아름다운 산천이라는 뜻으로, 우리나라의 산천을 비유적으로 이르는 말.
• 호사유피(虎死留皮) : 호랑이는 죽어서 가죽을 남긴다는 뜻으로, 사람은 죽어서 명예를 남겨야 함을 이르는 말.
• 유비무환(有備無患) : 미리 준비가 되어 있으면 걱정할 것이 없음.

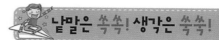 14회 | 68~70쪽

 낱말은 쏙쏙! 생각은 쑥쑥!

★ 그림으로 낱말 찾기 ★

❶ 압력 ❷ 잠수부 ❸ 일기도 ❹ 잠수정 ❺ 탐지하다

★ 낱말 뜻 알기 ★

❶ 잠수, 사람 ❷ 경계, 수직 ❸ 사실, 더듬어
❹ 기상, 관측, 예보 ❺ 플랑크톤, 바닷물, 붉게

★ 낱말 친구 사총사 ★

❶

해설 저기압은 기상에서 주위보다 기압이 낮은 영역을 뜻하지만, 때에 따라서는 사람의 기분이나 일의 형세가 좋지 않은 상태를 이르기도 합니다.

★ 연상되는 낱말 찾기 ★

잠수정, 일기도, 범람하다

★ 짧은 글짓기 ★

• 예 사회자는 이번 주 고기압의 영향으로 날씨가 맑겠다고 예보했다.
• 예 기상청에 나간 리포터는 한반도로 이동하는 태풍 때문에 태풍 주의보가 내려졌다고 알렸다.
• 예 어민들이 적조 현상 때문에 조개 양식장을 철거하였다.

 낱말 쌈 싸 먹기

★ 맞춤법 ★

어리버리 → 어리바리

해설 '정신이 또렷하지 못하거나 기운이 없어 몸을 제대로 놀리지 못하고 있는 모양'은 '어리바리'입니다.

★ 띄어쓰기 ★

㉯

해설 ❶ '이나마'는 조사이므로 앞말과 붙여 씁니다.

★ 관용어 ★

먼지

해설 그림은 모범생인 영준이가 알고 보니 잠꾸러기였다는 상황을 묘사한 것입니다. 이 상황에 어울리는 관용어에는 '털어서 먼지 안 나는 사람 없다'가 있습니다. 이 말은 누구나 결점을 찾아보면 허물이 없는 사람이 없다는 뜻입니다.

★ 한자어 ★

天地(천지), 陰陽(음양)

15회 | 72~74쪽

★ 그림으로 낱말 찾기 ★
❶ 원주 ❷ 단면 ❸ 원주율 ❹ 회전체 ❺ 회전축

★ 낱말 뜻 알기 ★
❶ 평면, 회전, 입체 ❷ 근삿값, 이하, 이상 ❸ 둘레
❹ 조건, 가능성 ❺ 비율

★ 낱말 친구 사총사 ★
②

해설 ❶, ❸, ❹의 '단면'은 물체의 잘라 낸 면을 뜻하고, ❷의 '단면'은 사물이나 사건의 여러 현상 가운데 한 부분적인 측면을 뜻합니다.

★ 연상되는 낱말 찾기 ★
회전축, 단면, 원주율

★ 짧은 글짓기 ★
• 예 15를 일의 자리에서 반올림하면 20이 된다.
• 예 담배를 피우면 폐암에 걸릴 확률이 높아진다.
• 예 공책 10권을 3:2로 비례배분하면 6권과 4권으로 나누어진다.

★ 맞춤법 ★
엊그저께

해설 '엊그제'는 '어제그제'에서 '어제'의 'ㅔ'가 줄어든 것입니다. 한글맞춤법 '단어의 끝 모음이 줄어지고 자음만 남은 것은 그 앞의 음절에 받침으로 적는다'라는 규정에 따라 'ㅈ'을 앞 음절, '어'의 받침으로 적은 것입니다. '어제저녁, 가지가지'를 '엊저녁, 갖가지'로 적는 이유도 이와 같습니다.

★ 띄어쓰기 ★
㉮

해설 '당하다'는 접미사이므로 앞말과 붙여 씁니다.

★ 관용어 ★
평양 감사

해설 그림은 인기가 많은 효리는 쉽게 반장이 될 수 있지만 정작 효리 자신은 반장을 하기 싫어하는 상황입니다. 이 상황에 어울리는 관용어에는 '평양 감사도 저 싫으면 그만이다'가 있습니다. 이 말은 아무리 좋은 일이라도 당사자의 마음이 내키지 않으면 억지로 시킬 수 없음을 비유적으로 표현할 때 사용합니다.

★ 한자어 ★
유유상종(類類相從)

해설
• 조족지혈(鳥足之血) : 새 발의 피라는 뜻으로, 매우 적은 분량을 비유적으로 이르는 말.
• 유유상종(類類相從) : 같은 무리끼리 서로 사귐.
• 호가호위(狐假虎威) : 여우가 호랑이의 위세를 빌려 호기를 부린다는 데에서 유래한 말로 남의 권세를 빌려 위세를 부림을 이르는 말.

16회 | 76~78쪽

★ 그림으로 낱말 찾기 ★
❶ 습지 ❷ 방류하다 ❸ 스모그 ❹ 미생물 ❺ 합성세제

★ 낱말 뜻 알기 ★
❶ 화학, 중성, 중성세제 ❷ 식별, 작은
❸ 자동차, 공장, 안개 ❹ 불순 ❺ 호수, 퇴적물

★ 낱말 친구 사총사 ★
❸

해설 '스모그', '폐수', '합성세제'는 모두가 환경을 오염시키는 물질들이지만, '습지'는 습기가 많고 축축해서 미생물을 비롯한 다양한 동식물군이 자라는 땅을 말합니다.

★ 연상되는 낱말 찾기 ★
스모그, 정화, 보전하다

★ 짧은 글짓기 ★
• 예 엄마는 환경오염을 막기 위해 합성세제 사용을 줄이기로 했다.
• 예 연희는 미생물이 너무 작아서 현미경을 사용했다.
• 예 우리는 각종 물풀을 조사하기 위해 습지를 방문하였다.

★ 맞춤법 ★
옛부터 → 예부터

해설 '옛'은 '지나간 때의'라는 뜻의 관형사로 다음에 반드시 꾸밈을 받는 말이 이어져야 합니다. 반면, '예'는 '옛적, 오래전'이란 뜻을 가진 명사로 홀로 독립적으로 쓸 수 있는 말입니다. 두 말을 바로 가려 쓰는 방법은, 뒤에 오는 말이 관형사의 꾸밈을 받는 말일 때는 '옛'을 쓰고, 그렇지 않으면 '예'를 쓰면 됩니다.

★ 띄어쓰기 ★
㉯

해설 '-디, -나(고)'를 취하는 말은 첩어로 보고 붙여 씁니다.

★ 관용어 ★

물

해설 그림은 축구를 하면서 동생에게만 공을 넘겨 주는 상황입니다. 이 상황에 어울리는 관용어에는 '피는 물보다 진하다'가 있습니다. 이 말은 혈통(血統)은 속일 수 없어서 남보다도 집안 간의 연결은 강하다는 뜻을 담고 있습니다.

★ 한자어 ★

體育(체육), 健康(건강)

17회 | 80~82쪽

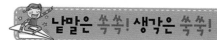

★ 그림으로 낱말 찾기 ★

❶ 대패 ❷ 구상도 ❸ 장도리 ❹ 사포질하다 ❺ 조립하다

★ 낱말 뜻 알기 ★

❶ 생각, 도면 ❷ 나무, 연장, 비스듬히 ❸ 원자재, 인공
❹ 부품, 구조물 ❺ 물체, 접촉

★ 낱말 친구 사총사 ★

❷

해설 '공구'는 물건을 만들거나 고치는 데 쓰는 도구를 통틀어 이르는 말이며, '사포', '대패', '장도리'는 그 각각의 종류에 해당되는 낱말입니다. 따라서 다른 셋을 포함하는 큰 말에 해당되는 것은 ❷ 공구입니다.

★ 연상되는 낱말 찾기 ★

조립하다, 애완동물, 진돗개

★ 짧은 글짓기 ★

• 예 물건을 만들기 위해서는 구상도를 미리 그려 봐야 한다.
• 예 원자재는 완성품이 아니기 때문에 가공 작업을 거쳐야 한다.
• 예 두 장의 아크릴 판을 붙이기 위해서 접착제를 발라 줘야 한다.

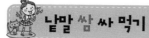

★ 맞춤법 ★

옷걸이

해설 '옷을 걸어 두도록 만든 물건'은 '옷걸이'이며, '옷거리'는 '옷 입은 맵시'란 뜻입니다.

★ 띄어쓰기 ★

㉯

해설 '그해에 난'이라는 뜻을 지닌 접두사 '햇'과 명사인 '곡식'으로 이루어진 '햇곡식'은 한 낱말이므로 붙여 씁니다.

★ 관용어 ★

입

해설 그림은 국수를 먹고 싶다고 했다가 빵을 먹고 싶다고 말을 바꾸는 상황입니다. 이 상황에 어울리는 관용어에는 '한 입으로 두 말 하기'가 있습니다. 이 말은 한 가지 일에 대하여 말을 이렇게 하였다 저렇게 하였다 한다는 뜻을 담고 있습니다.

★ 한자어 ★

일취월장(日就月將)

해설 • 창해일속(滄海一粟) : 넓고 큰 바닷속의 좁쌀 한 알이라는 뜻으로, 아주 많거나 넓은 것 가운데 있는 매우 하찮고 작은 것을 이르는 말.
• 혼정신성(昏定晨省) : 밤에는 부모의 잠자리를 보아 드리고 이른 아침에는 부모의 밤새 안부를 묻는다는 뜻으로, 부모를 잘 섬기고 효성을 다함을 이르는 말.
• 일취월장(日就月將) : 나날이 다달이 자라거나 발전함.

18회 | 84~86쪽

★ 그림으로 낱말 찾기 ★

❶ 타령 ❷ 퉁기다 ❸ 중주 ❹ 대금 ❺ 자진모리

★ 낱말 뜻 알기 ★

❶ 무용, 연주 ❷ 관현악, 악장 ❸ 국악기, 공명
❹ 판소리, 장단 ❺ 동시, 악기 ❻ 기타, 소리

★ 낱말 친구 사총사 ★

❶

해설 타령은 원래 우리나라 민속 음악인 판소리, 민요 등에 쓰이는 기본 리듬을 일컫는 낱말입니다. 하지만 관용어로 어떤 사물에 대한 생각을 말이나 소리로 나타내 자꾸 되풀이한다는 뜻으로 사용되기도 합니다.

★ 연상되는 낱말 찾기 ★

교향곡, 대금, 중주

★ 짧은 글짓기 ★

• 예 엄마는 무용곡을 듣고 싶을 때는 언제나 에스파냐의 춤곡인 볼레로를 틀었다.
• 예 조상들은 태평성대 기원이 필요할 때 수제천을 연주하였다.

- **예** 이모는 음대를 다닐 때 힘든 변주곡을 잘 연주하였다.

낱말 쌈 싸 먹기

★ 맞춤법 ★
윗어른 → 웃어른

해설 '윗어른, 아랫어른'의 경우처럼 의미상으로 '윗어른'은 가능하지만 '아랫어른'은 가능하지 않습니다. 이처럼 아래와 위의 구별이 없는 말에는 '웃'을 사용합니다.

★ 띄어쓰기 ★
㉯

해설 우리말과 외국어가 한데 어울려 한 낱말로 된 것이나 이에 준하는 말들은 붙여 씁니다.

★ 관용어 ★
호미, 가래

해설 그림은 매일 꾸준히 했으면 쉽게 할 수 있는 숙제를 차일피일 미루다 한꺼번에 하려다 보니 매우 힘들어진 상황을 묘사한 것입니다. 이 상황에 어울리는 관용어에는 '호미로 막을 것을 가래로 막는다'가 있습니다. 이 말은 적은 힘으로 충분히 처리할 수 있는 일에 쓸데없이 많은 힘을 들이는 경우를 비유할 때 사용합니다.

★ 한자어 ★
回想(회상), 招請(초청)

19회 | 88~90쪽

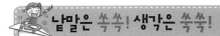
낱말은 쏙쏙! 생각은 쑥쑥!

★ 그림으로 낱말 찾기 ★
❶ 진눈깨비 ❷ 달구지 ❸ 간청하다 ❹ 수의사 ❺ 싸라기

★ 낱말 뜻 알기 ★
❶ 재산, 가난뱅이 ❷ 시간, 기계 ❸ 쌀알 ❹ 가늘게
❺ 가축, 질병

★ 낱말 친구 사총사 ★
❶

해설 '함박눈', '진눈깨비', '싸라기눈'에는 눈이 포함되어 있지만, '가랑비'에는 눈이 포함되어 있지 않습니다. 따라서 다른 셋과 거리가 먼 낱말은 가랑비입니다.

★ 연상되는 낱말 찾기 ★
달구지, 간청하다, 진눈깨비

★ 짧은 글짓기 ★
- **예** 나는 빈털터리가 되지 않기 위해서 재테크를 열심히 할 것이다.
- **예** 방앗간 주인은 싸라기를 줄이기 위해 탈곡기를 교체할 것이다.
- **예** 농부는 때마침 내린 가랑비에 땅이 촉촉해져서 모종을 옮겨 심을 것이다.

낱말 쌈 싸 먹기

★ 맞춤법 ★
윗옷, 웃옷

해설 '윗옷'은 바지나 치마와 짝을 이뤄 위에 입는 옷으로 상의(上衣)를 가리키며, 반대말은 하의를 나타내는 '아래옷'입니다. '웃옷'은 남방이나 티셔츠 등 평소 입는 옷 위에 덧입는 외투나 점퍼 따위를 말합니다. '위'와 '아래'의 대립 관계가 성립되는 경우엔 '윗(위)-'을 쓰고 그렇지 않은 경우엔 '웃-'을 쓰면 됩니다.

★ 띄어쓰기 ★
㉯

해설 '체'가 의존명사이므로 앞말과 띄어 씁니다.

★ 관용어 ★
과부

해설 그림은 마라톤을 뛰어 보았기 때문에 오래달리기가 힘들다는 것을 안다는 상황을 묘사한 것입니다. 이 상황에 어울리는 관용어에는 '홀아비 사정은 과부가 안다'가 있습니다. 이 말은 남의 곤란한 처지는 직접 그 일을 당해 보았거나, 같은 처지에 있는 사람이 잘 안다는 뜻입니다.

★ 한자어 ★
자수성가(自手成家)

해설
- 자수성가(自手成家) : 물려받은 재산이 없이 자기 혼자의 힘으로 집안을 일으키고 재산을 모음.
- 파죽지세(破竹之勢) : 대를 쪼개는 기세라는 뜻으로, 적을 거침없이 물리치고 쳐들어가는 기세를 이르는 말.
- 교각살우(矯角殺牛) : 소의 뿔을 바로잡으려다가 소를 죽인다는 뜻으로, 잘못된 점을 고치려다가 그 방법이나 정도가 지나쳐 오히려 일을 그르침을 이르는 말.

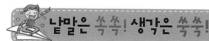

★ 그림으로 낱말 찾기 ★

❶ 여론 ❷ 헌법재판소 ❸ 정당 ❹ 삼권분립 ❺ 납세

★ 낱말 뜻 알기 ★

❶ 대중, 의견 ❷ 정권, 이상, 조직 ❸ 위헌, 심판
❹ 세금, 납부 ❺ 금지, 경계, 교류

★ 낱말 친구 사총사 ★

❶

해설 '헌법재판소', '삼심제', '판사'는 모두가 사법부, 사법제도와 관련된 낱말이지만, '다당제'는 세 개 이상의 정당이 존재하는 정당제로 정치 형식과 관련된 낱말입니다.

★ 연상되는 낱말 찾기 ★

삼권분립, 납세, 기아

★ 짧은 글짓기 ★

• 예 정당에서는 여론을 파악하기 위해 언론 기사를 자주 점검한다.
• 예 우리나라는 억울한 사법 피해자가 없도록 삼심제를 채택하고 있다.
• 예 각국은 글로벌 사회의 일원이 되기 위해 교역을 확대하고 있다.

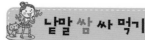

★ 맞춤법 ★

육계장 → 육개장

해설 쇠고기와 여러 야채, 고사리나 숙주나물 등을 푹 삶아 끓인, 매운 맛이 도는 국은 '육개장'입니다.

★ 띄어쓰기 ★

㉯

해설 '칙칙하고 고르지 않게 푸르스름하다.'라는 뜻의 '푸르죽죽하다'는 한 낱말이므로 붙여 씁니다.

★ 관용어 ★

싸움

해설 그림은 서로 다투는 두 아이를 화해시키기 위해 노력하는 상황입니다. 이 상황에 어울리는 관용어에는 '흥정은 붙이고 싸움은 말리랬다'가 있습니다. 이 말은 좋은 일은 권장하고 나쁜 일은 말리라는 뜻을 담고 있습니다.

★ 한자어 ★

親舊(친구), 資格(자격)

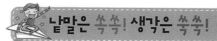

★ 그림으로 낱말 찾기 ★

❶ 자전하다 ❷ 해돋이 ❸ 먹이그물 ❹ 고도 ❺ 해넘이

★ 낱말 뜻 알기 ★

❶ 환경, 복합 ❷ 개체, 관계, 연쇄 ❸ 대기층, 자외선 ❹ 지평선, 수평선 ❺ 태양, 계절

★ 낱말 친구 사총사 ★

❸

해설 ❶, ❷, ❹의 '고도'는 수준이나 정도 따위가 매우 높거나 뛰어나다는 뜻입니다. 하지만 ❸의 '고도'는 천체가 지평선이나 수평선과 이루는 각거리를 말합니다.

★ 연상되는 낱말 찾기 ★

양분, 해돋이, 해넘이

★ 짧은 글짓기 ★

• 예 생태계를 보전하기 위해 환경 오염을 줄여야 한다.
• 예 생태계도 분해자가 필요하기 때문에 세균과 곰팡이를 무시해서는 안 된다.
• 예 밤낮이 계속 바뀌려면 지구가 자전하는 운동을 멈추지 않아야 한다.

★ 맞춤법 ★

입학률

해설 모음이나 'ㄴ' 받침 뒤에 이어지는 '렬', '률'은 '열', '율'로 적고, 나머지는 본음대로 '렬', '률'로 표기합니다.

★ 띄어쓰기 ★

㉯

해설 '간'이 '한 대상에서 다른 대상까지의 사이'나 '관계'를 나타낼 때에는 의존명사이므로 띄어 씁니다.

★ 관용어 ★

황금

해설 그림은 금은보화로 상대를 설득하려 하지만 재물에 욕심이 없어 협력할 뜻이 없음을 말하는 상황입니다. 이 상황에 어울리는 관용어에는 '황금 보기를 돌같이 하라'가 있습니다. 이 말은 지나친 욕심을 경계해야 한다는 뜻을 담고 있습니다.

★ 한자어 ★

주마가편(走馬加鞭)

해설 • 등하불명(燈下不明) : 등잔 밑이 어둡다는 뜻으로, 가까이에 있는 물건이나 사람을 잘 찾지 못함을 이르는 말.
• 우유부단(優柔不斷) : 어물어물 망설이기만 하고 결단성이 없음.
• 주마가편(走馬加鞭) : 달리는 말에 채찍질한다는 뜻으로, 잘하는 사람을 더욱 장려함을 이르는 말.

22회 | 100~102쪽

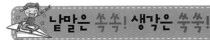

★ 그림으로 낱말 찾기 ★
❶ 노벨상 ❷ 염원하다 ❸ 조기 ❹ 가로수 ❺ 일회용품

★ 낱말 뜻 알기 ★
❶ 애도, 헝겊, 반기 ❷ 인류, 공헌 ❸ 미관, 보건, 줄지어 ❹ 비단, 산천, 비유 ❺ 간절, 기원

★ 낱말 친구 사총사 ★
❹

해설 ❶, ❷, ❸의 '조기'는 이른 시기를 뜻하는 '早期'입니다. 하지만 ❹의 '조기'는 죽음을 슬퍼하는 뜻을 나타내기 위하여 검은 헝겊을 달거나 검은 선을 두른 깃발인 '弔旗'입니다.

★ 연상되는 낱말 찾기 ★
공공장소, 경유하다, 일회용품

★ 짧은 글짓기 ★
• 예 과학자들은 실험실에서 노벨상을 타기 위해 열심히 연구하였다.
• 예 요리사는 주방에서 복어의 독성을 빼기 위해 섬세하게 칼을 놀렸다.
• 예 많은 동포들이 해외에서 고국을 잊지 않기 위해 한국어학교를 세웠다.

★ 맞춤법 ★
이몸 → 잇몸

해설 '잇몸'은 '이'와 '몸'이 합쳐져 '이뿌리를 둘러싸고 있는 살'을 뜻하는 낱말로, 뒷말의 첫소리에 'ㄴ, ㅁ'이 놓여 사이시옷이 들어가는 경우입니다.

★ 띄어쓰기 ★
㉮

해설 '차'는 명사 뒤에 붙어서 '목적'의 뜻을 더하는 접미사로 앞말과 붙여 씁니다.

★ 관용어 ★
가시

해설 그림은 매일 책을 읽지 않으면 머리가 텅 빈 느낌이 들어 싫다고 말하는 상황입니다. 이 상황에 어울리는 관용어에는 '하루라도 책을 읽지 않으면 입안에서 가시가 돋친다'가 있습니다. 이 말은 독서의 중요성과 꾸준히 책을 읽는 습관을 강조할 때 많이 사용합니다.

★ 한자어 ★
侵略(침략), 解放(해방)

23회 | 104~106쪽

★ 그림으로 낱말 찾기 ★
❶ 초지 ❷ 가금류 ❸ 부화하다 ❹ 방목하다 ❺ 사료

★ 낱말 뜻 알기 ★
❶ 가축, 짐승 ❷ 전염병, 백신 ❸ 새끼, 껍질 ❹ 먹이, 행동 ❺ 가축, 먹을거리

★ 낱말 친구 사총사 ★
❷

해설 '종란', '부화', '가금류'는 모두가 난생을 하는 동물과 관련된 낱말이지만, '되새김질'은 태생을 하는 동물과 관련된 낱말입니다.

★ 연상되는 낱말 찾기 ★
되새김질, 초지, 방목하다

★ 짧은 글짓기 ★
• 예 농가 사람들은 항상 가축 전염병을 막기 위해 사육장을 청결히 해야 한다.
• 예 보건소는 당장 계절 독감을 막기 위해 예방접종을 실시해야 한다.
• 예 정부는 올해 농가의 어려움을 덜어 주기 위해 사료비를 보조해 줘야 한다.

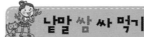

★ 맞춤법 ★
잠그고

해설 '잠그다'가 활용한 '잠그고'가 맞습니다. '잠그다, 담그다'와 같이

어간이 '그'로 끝나는 단어를 '문을 잠궈라', '문을 잠궈서', '김치를 담궈
서'로 쓰는 경우가 종종 있습니다. 하지만 이 표현들의 기본형은 '잠구다,
담구다'가 아니라 '잠그다, 담그다'이기 때문에 각각 '잠가라', '잠가서',
'담가서'로 쓰는 것이 옳습니다.

★ 띄어쓰기 ★

㉮

해설 '맨'이 '더 할 수 없을 정도나 경지에 있음'을 나타내는 관형사로
쓰일 때는 뒷말과 띄어 씁니다.

★ 관용어 ★

사전

해설 그림은 오늘 안으로 만들 수 없을 것 같은 일이지만 반드시 해내
고 말겠다는 의지를 보여 주는 상황입니다. 이 상황에 어울리는 관용어에는
'내 사전에 불가능이란 말은 없다'가 있습니다. 이 말은 어떤 일이든지 반드
시 할 수 있다는 자신감을 표현할 때 주로 사용합니다.

★ 한자어 ★

죽마고우(竹馬故友)

해설 • 죽마고우(竹馬故友) : 대말을 타고 놀던 벗이라는 뜻으로, 어릴
때부터 같이 놀며 자란 벗.
• 수주대토(守株待兔) : 한 가지 일에만 얽매여 발전을 모르는 어리석은 사
람을 비유적으로 이르는 말. 중국 송나라의 한 농부가 우연히 나무 그루
터기에 토끼가 부딪쳐 죽은 것을 잡은 후, 또 그와 같이 토끼를 잡을까
하여 일도 하지 않고 그루터기만 지키고 있었다는 데서 유래함.
• 오월동주(吳越同舟) : 서로 적의를 품은 사람들이 한자리에 있게 된 경우
나 서로 협력하여야 하는 상황을 비유적으로 이르는 말. 중국 춘추 전국
시대에, 서로 적대 관계인 오나라와 월나라의 백성들이 같은 배를 탔으나
풍랑을 만나서 서로 단합하여야 했다는 데서 유래함.

24회 | 108~110쪽

★ 그림으로 낱말 찾기 ★

❶ 공예품 ❷ 포스터 ❸ 열쇠고리 ❹ 하회탈 ❺ 솟대

★ 낱말 뜻 알기 ★

❶ 실용, 예술 ❷ 몸치장, 물건 ❸ 천장, 무늬 ❹ 상징, 간
단, 미술 ❺ 물건, 참고

★ 낱말 친구 사총사 ★

❶

해설 '문갑', '하회탈', '바구니'는 각종 공예품의 종류를 나타내는 낱말
입니다. 따라서 다른 셋을 포함하는 큰 말에 해당되는 것은 '공예품'입니다.

★ 연상되는 낱말 찾기 ★

하회탈, 열쇠고리, 어울림

★ 짧은 글짓기 ★

• 예 조상들은 나쁜 기운을 막기 위해서 마을 입구에 솟대를
세웠다.
• 예 조상들은 비바람에 목조 건물이 썩지 않도록 단청을 그
렸다.
• 예 나는 포스터를 그리기 위해서 미술 도구를 구입하였다.

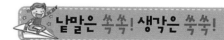

★ 맞춤법 ★

전세집 → 전셋집

해설 순우리말과 한자어로 된 합성어 중 앞말이 모음으로 끝나거나 뒷
말의 첫소리가 된소리로 발음될 때 사이시옷이 들어갑니다.

★ 띄어쓰기 ★

㉯

해설 조사가 둘 이상 이어질 경우에 조사끼리 붙여 씁니다.

★ 관용어 ★

노병

해설 그림은 은퇴 후에도 국민을 위해 봉사할 수 있는 일을 하겠다는
포부를 밝히는 상황입니다. 이 상황에 어울리는 관용어에는 '노병은 죽지
않는다. 다만 사라질 뿐이다'가 있습니다. 이 말은 나이가 들어 늙고 힘이
없어도 제 역할을 충분히 할 수 있음을 강조하는 뜻을 담고 있습니다.

★ 한자어 ★

筆記(필기), 整理(정리)

25회 | 112~114쪽

★ 그림으로 낱말 찾기 ★

❶ 누출되다 ❷ 대여료 ❸ 한약재 ❹ 팬클럽 ❺ 난무하다

★ 낱말 뜻 알기 ★

❶ 체질, 체질, 이론 ❷ 한약, 약재 ❸ 사실, 증명
❹ 의결, 탁자 ❺ 운동선수, 연예인, 열광

★ 낱말 친구 사총사 ★

❹

해설 '증인', '사회봉', '휴정'은 모두가 재판이나 회의와 관련된 낱말이
지만, '공연장'은 예술 행위가 이루어지는 장소를 뜻하는 낱말입니다.

대여료, 증인, 팬클럽

★ 짧은 글짓기 ★

- **예** 가스가 누출될 수 있으므로 밸브를 잘 잠가야 한다.
- **예** 너에 대한 이상한 소문이 난무해서 해명을 명확히 해야 한다.
- **예** 사람은 모름지기 서로에 대한 예의를 지키기 위해 최선을 다해야 한다.

 낱말 쌈 싸 먹기

★ 맞춤법 ★

점박이

해설 '무엇이 박혀 있다.' 라는 뜻을 더하는 접미사는 '-박이' 입니다.

★ 띄어쓰기 ★

㉯

해설 '소곤거리다' 는 한 낱말이므로 붙여 씁니다.

★ 관용어 ★

신체, 정신

해설 그림은 몸이 건강해져서 마음도 맑아졌다고 말하는 상황입니다. 이 상황에 어울리는 관용어에는 '건강한 신체에 건강한 정신이 깃든다' 가 있습니다. 이 말은 정신이 맑고 건강하려면 먼저 몸이 건강해야 함을 강조할 때 사용합니다.

★ 한자어 ★

타산지석(他山之石)

해설 • 표리부동(表裏不同) : 마음이 음흉하고 불량하여 겉과 속이 다름.
• 타산지석(他山之石) : 다른 산의 나쁜 돌이라도 자기 산의 옥돌을 가는 데에 쓸 수 있다는 뜻으로, 본이 되지 않은 남의 말이나 행동도 자신의 지식과 인격을 수양하는 데에 도움이 될 수 있음을 비유적으로 이르는 말.
• 구우일모(九牛一毛) : 아홉 마리의 소 가운데 박힌 하나의 털이란 뜻으로, 매우 많은 것 가운데 극히 적은 수를 이르는 말.

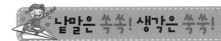 **26회** | 116~118쪽

낱말은 쏙쏙! 생각은 쑥쑥!

★ 그림으로 낱말 찾기 ★
❶ 행정부 ❷ 국무회의 ❸ 법원 ❹ 판사 ❺ 재판하다

★ 낱말 뜻 알기 ★
❶ 행정부, 대통령 ❷ 인간, 기본 ❸ 전체, 마을
❹ 존엄성, 복지 ❺ 유네스코, 보호

★ 낱말 친구 사총사 ★
❷

해설 '법원', '판사', '재판' 은 모두가 사법부와 관련된 낱말이지만, '국무회의' 는 행정부의 최고 정책 심의 회의를 뜻하는 낱말입니다.

★ 연상되는 낱말 찾기 ★

판사, 인권, 세계 유산

★ 짧은 글짓기 ★

- **예** 판사는 오전에 절도 사건을 재판했다.
- **예** 인류는 최근 들어 전 세계를 지구촌이라고 부르기 시작했다.
- **예** 위대한 지도자는 나라가 어려움에 처했을 때 인도주의를 최상의 가치로 삼았다.

 낱말 쌈 싸 먹기

★ 맞춤법 ★

짭잘한 → 짭짤한

해설 '한 단어 안에서 같은 음절이나 비슷한 음절이 겹쳐 나는 부분은 같은 글자로 적는다.' 라는 규정에 따라 '짭짤하다' 로 적습니다.

★ 띄어쓰기 ★

㉮

해설 '날것' 은 '말리거나 익히거나 가공하지 아니한 먹을거리' 라는 뜻의 한 낱말이므로 붙여 씁니다.

★ 관용어 ★

사과나무

해설 그림은 내일 이사를 가지만 늘 그랬던 것처럼 꽃에 물을 주는 상황입니다. 이 상황에 어울리는 관용어에는 '내일 지구의 종말이 오더라도 나는 오늘 한 그루의 사과나무를 심겠다' 가 있습니다. 이 말은 상황이 바뀌더라도 일관성을 잃지 말라, 또는 절망적인 상황에서도 희망을 잃지 말라는 뜻을 담고 있습니다.

★ 한자어 ★

合唱(합창), 呼吸(호흡)

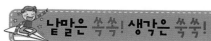

27회 | 120~122쪽

★ 그림으로 낱말 찾기 ★
❶ 도르래 ❷ 연소하다 ❸ 안전모 ❹ 방수복 ❺ 소화기

★ 낱말 뜻 알기 ★
❶ 산소, 화합 ❷ 연소, 온도, 온도 ❸ 머리, 부상, 모자
❹ 바퀴, 물건 ❺ 물건, 막대기

★ 낱말 친구 사총사 ★
❹

해설 ❶, ❷, ❸의 '일화'는 '세상에 널리 알려지지 아니한 흥미 있는 이야기'라는 뜻을 갖는 '逸話'이며, ❹의 '일화'는 '일본 화폐'를 뜻하는 '日貨'입니다.

★ 연상되는 낱말 찾기 ★
발화점, 도르래, 지레

★ 짧은 글짓기 ★
• 예 아빠는 자동차가 낡아서 휘발유를 잘 연소하지 못한다며 새 차를 사셨다.
• 예 교장 선생님은 학교의 역사를 일러 주시려고 건물을 새로 올렸던 일화를 들려주셨다.
• 예 나는 층수가 낮은 연립 주택에 살아서 엘리베이터 없이 계단을 이용했다.

★ 맞춤법 ★
졸리네요

해설 '자고 싶은 느낌이 들다'라는 뜻의 낱말은 '졸리다'입니다.

★ 띄어쓰기 ★
㉮

해설 '육하원칙'은 한 낱말이므로 붙여 씁니다.

★ 관용어 ★
노력

해설 그림은 항상 1등을 하는 이유가 하루도 빠짐없이 공부하기 때문이라고 말하는 상황입니다. 이 상황에 어울리는 관용어에는 '천재는 1퍼센트의 영감과 99퍼센트의 노력으로 이루어진다'가 있습니다. 이 말은 성공은 천부적인 재능이 아니라 얼마나 열심히 노력하느냐에 달려 있다는 것을 강조하는 격언입니다.

★ 한자어 ★
형설지공(螢雪之功)

해설 • 한단지보(邯鄲之步) : 함부로 자기 본분을 버리고 남의 행위를 따라 하면 두 가지 모두 잃는다는 것을 이르는 말.
• 이심전심(以心傳心) : 마음과 마음으로 서로 뜻이 통함.
• 형설지공(螢雪之功) : 반딧불, 눈과 함께 하는 노력이라는 뜻으로, 고생을 하면서 부지런하고 꾸준하게 공부하는 자세를 이르는 말.

28회 | 124~126쪽

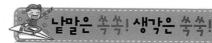

★ 그림으로 낱말 찾기 ★
❶ 정상회담 ❷ 한반도 ❸ 판문점 ❹ 귀순하다 ❺ 휴전선

★ 낱말 뜻 알기 ★
❶ 동강 ❷ 반항심, 복종 ❸ 국가, 강제, 종사
❹ 국가, 징집, 병역 ❺ 장비, 위험, 무리

★ 낱말 친구 사총사 ★
❷

해설 '휴전선', '판문점', '백두산'은 우리나라 국토에 속해 있는 건물이나 지역들입니다. 따라서 다른 셋을 포함하는 큰 말에 해당되는 것은 '한반도'입니다.

★ 연상되는 낱말 찾기 ★
번영, 정상회담, 귀순하다

★ 짧은 글짓기 ★
• 예 남한과 북한은 1953년에 정전 협정을 체결하면서 휴전선을 설치하였다.
• 예 일제는 2차 대전 때 우리나라 사람들을 강제로 징용하였다.
• 예 우리나라는 아이티 대지진 때 구호 활동을 하는 구조대를 파견하였다.

★ 맞춤법 ★
통채로 → 통째로

해설 '나누지 않은 덩어리 전체'는 '통째'가 맞습니다.

★ 띄어쓰기 ★
㉯

해설 '후'가 뒤나 다음을 뜻할 때는 앞말과 띄어 씁니다.

★ 관용어 ★
예술

해설 그림은 고흐가 짧은 생애를 살았지만 그의 작품은 오랜 세월 사랑을 받고 있는 상황을 표현한 것입니다. 이 상황에 어울리는 관용어에는 '인생은 짧고 예술은 길다' 가 있습니다. 이 말은 사람의 일생은 짧지만 작품은 죽은 뒤에도 남아서 오랫동안 사람들에게 감동을 준다는 것을 뜻합니다.

★ 한자어 ★

解決(해결), 探究(탐구)

29회 | 128~130쪽

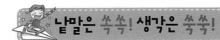

★ 그림으로 낱말 찾기 ★

① 전자우편 ② 파일 ③ 동영상 ④ 유인물 ⑤ 검색하다

★ 낱말 뜻 알기 ★

① 인터넷, 자료 ② 환등기, 필름 ③ 프린터, 인쇄물
④ 용액, 농도 ⑤ 우묵, 바다

★ 낱말 친구 사총사 ★

③

해설 '검색', '파일', '전자우편' 은 모두가 컴퓨터나 인터넷에 관련된 낱말이지만, '유인물' 은 종이와 인쇄에 관련된 낱말입니다.

★ 연상되는 낱말 찾기 ★

검색하다, 동영상, 매립

★ 짧은 글짓기 ★

• **예** 인터넷을 활용할 때는 지적 재산권을 침해할 수도 있기 때문에 유의해야 한다.
• **예** 국물이 짤 때는 염도를 낮추기 위해 물로 국물을 희석해야 한다.
• **예** 쓰레기를 소각할 때는 유해 물질을 방지하기 위해 설비 시설을 갖춰야 한다.

★ 맞춤법 ★

풋내기

해설 '풋' 이라는 접두사는 어떤 명사 앞에 쓰여서 '익숙하지 않은', '새로운', '여물지 않은' 또는 '깊지 않은' 이라는 뜻이 있는데 '풋내기' 로 쓰고 읽습니다.

★ 띄어쓰기 ★

㉯

해설 '어떤 분야를 대표할 만하다' 의 뜻을 가진 '내로라하다' 는 한 낱말이므로 붙여 씁니다.

★ 관용어 ★

열매

해설 그림은 열심히 연습한 결과 우승을 한 상황을 표현한 것입니다. 이 상황에 어울리는 관용어에는 '인내는 쓰나 그 열매는 달다' 가 있습니다. 이 말은 노력하는 과정은 힘들고 고되지만 일을 성취했을 때 느끼는 기쁨은 그만큼 크다는 것을 뜻합니다.

★ 한자어 ★

호연지기(浩然之氣)

해설 • 초록동색(草綠同色) : 풀빛과 녹색은 같은 빛깔이란 뜻으로, 같은 처지의 사람과 어울리거나 기우는 것을 이르는 말.
• 호연지기(浩然之氣) : 하늘과 땅 사이에 가득 찬 넓고 큰 원기.
• 수구초심(首丘初心) : 여우가 죽을 때에 머리를 자기가 살던 굴 쪽으로 둔다는 뜻으로, 고향을 그리워하는 마음을 이르는 말.

30회 | 132~134쪽

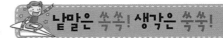

★ 그림으로 낱말 찾기 ★

① 임신하다 ② 유연하다 ③ 스트레스 ④ 배드민턴
⑤ 풍물놀이

★ 낱말 뜻 알기 ★

① 부드, 연하 ② 근육, 수축, 측정 ③ 강제, 손상, 압박
④ 의료, 보상 ⑤ 환경, 긴장

★ 낱말 친구 사총사 ★

①

해설 '입씨름' 은 '말로 애를 써서 하는 일' 입니다. 따라서 '입씨름을 벌이다' 는 '말다툼을 하다.' 라는 의미로 통합니다.

★ 연상되는 낱말 찾기 ★

배드민턴, 씨름, 임신하다

★ 짧은 글짓기 ★

• **예** 풍물놀이를 보던 관객들이 덩달아 신이 나서 어깨를 들썩거렸다.
• **예** 옆집 아이는 몸이 유연해서 다리를 머리 위까지 쉽게 올렸다.
• **예** 진호는 순발력이 좋아서 떨어지는 화분을 잽싸게 받아냈다.

 **낱말 쌈 싸 먹기**

★ 맞춤법 ★

하마트면 → 하마터면

해설 '조금만 잘못했더라면'의 의미를 지닌 부사는 '하마터면'입니다.

★ 띄어쓰기 ★

㉯

해설 '새'는 관형사로서 뒷말과 띄어 씁니다.

★ 관용어 ★

힘

해설 그림은 무식해서 소개팅에서 창피만 당하고 온 친구에게 지식을 쌓을 것을 충고하는 상황입니다. 이 상황에 어울리는 관용어에는 '아는 것이 힘이다'가 있습니다. 이 말은 지식이 많고 지혜가 높은 만큼 여러 가지 상황에 올바르게 대처할 수 있다는 뜻을 담고 있습니다.

★ 한자어 ★

環境(환경), 汚染(오염)

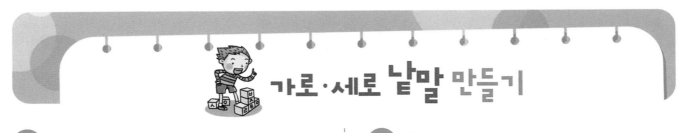

가로·세로 낱말 만들기

01 회 | 15쪽

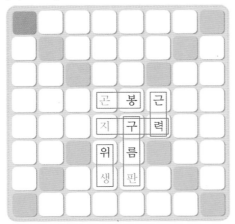

곤	봉	근
지	구	력
위	름	
생	판	

02 회 | 19쪽

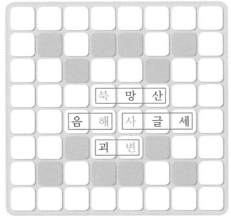

북	망	산	
음	해	사 글 세
	괴	변	

03 회 | 23쪽

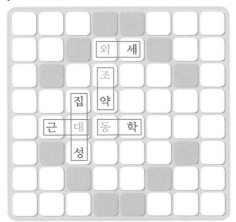

	외	세
	조	
집	약	
근 대	동	학
	성	

04 회 | 27쪽

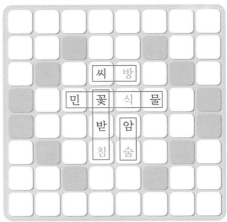

	씨	방	
민	꽃	식	물
	받	암	
	침	술	

05 회 | 31쪽

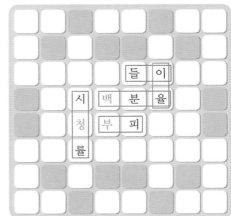

	들	이
시	백 분	율
청	부	피
률		

06 회 | 35쪽

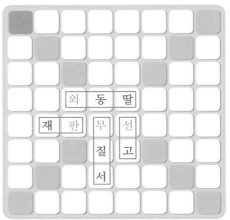

	외 동	딸
재 판	무	선
	질	고
	서	

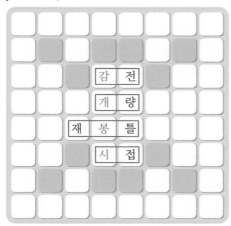

감 전
개 량
재 봉 틀
시 접

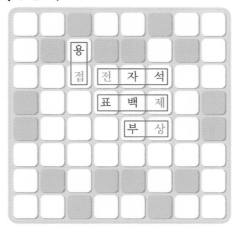

용
접 전 자 석
표 백 제
부 상

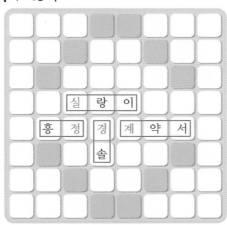

실 랑 이
흥 정 경 계 약 서
솔

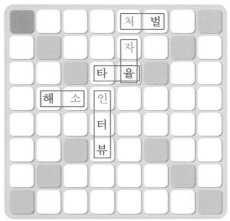

처 벌
자
타 율
해 소 인
터
뷰

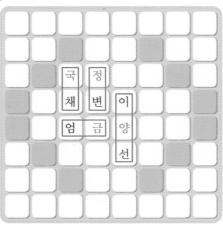

국 정
채 변 이
엄 금 양
선

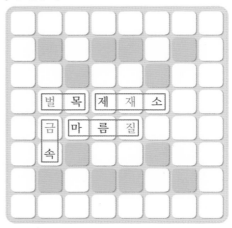

벌 목 제 재 소
금 마 름 질
속

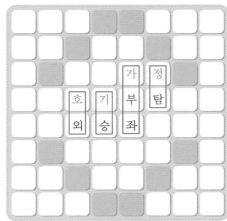

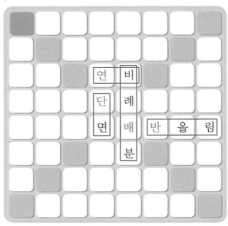

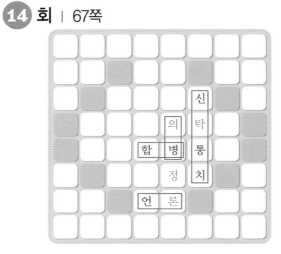

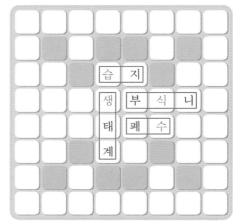

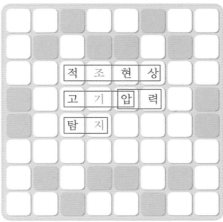

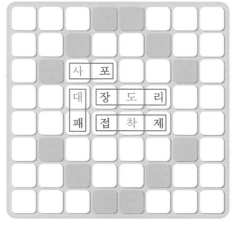

19 회 | 87쪽

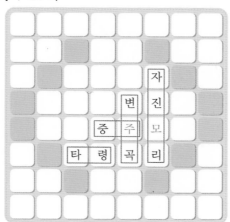

22 회 | 99쪽

20 회 | 91쪽

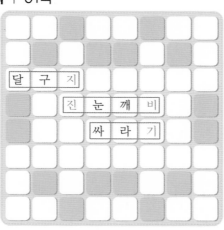

23 회 | 103쪽

21 회 | 95쪽

24 회 | 107쪽

25 회 | 111쪽

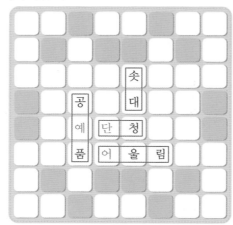

26 회 | 115쪽

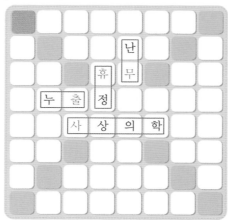

27 회 | 119쪽

28 회 | 123쪽

29 회 | 127쪽

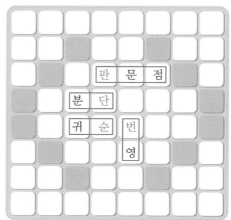

30 회 | 131쪽

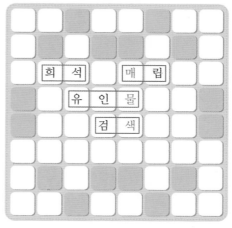